OUVIDOS, NARIZ E GARGANTA

CUIDADOS E CURIOSIDADES

OUVIDOS, NARIZ E GARGANTA

CUIDADOS E CURIOSIDADES

DR. JAMAL AZZAM

ESTANTE DE MEDICINA

novo século®

São Paulo, 2015

GERENTE EDITORIAL
Lindsay Gois

GERENTE DE AQUISIÇÕES
Renata de Mello do Vale

EDITORIAL
João Paulo Putini
Nair Ferraz
Rebeca Lacerda
Vitor Donofrio

ASSISTENTE DE AQUISIÇÕES
Acácio Alves

PREPARAÇÃO
Neila Mara Lopes
Lotus Traduções

DIAGRAMAÇÃO
João Paulo Putini

ILUSTRAÇÕES
Richard Assunção

CAPA
Dimitry Uziel

REVISÃO
Livia First

Texto de acordo com as normas do Novo Acordo Ortográfico da Língua Portuguesa (1990), em vigor desde 1º de janeiro de 2009.

Dados Internacionais de Catalogação na Publicação (CIP)
(Câmara Brasileira do Livro, SP, Brasil)

Azzam, Jamal
Ouvidos, nariz e garganta : cuidados e curiosidades
Jamal Azzam.
Barueri, SP: Novo Século Editora, 2015.

1. Garganta - Doenças 2. Nariz - Doenças 3. Otorrinolaringologia 4. Otorrinolaringologia - Diagnóstico 5. Otorrinolaringologia - Obras de divulgação 6. Ouvidos - Doenças I. Assunção, Richard. II. Título.

15-07060 CDD-617.51

Índice para catálogo sistemático:
1. Otorrinolaringologia : Medicina 617.51

NOVO SÉCULO EDITORA LTDA.
Alameda Araguaia, 2190 - Bloco A - 11º andar - Conjunto 1111
CEP 06455-000 - Alphaville Industrial, Barueri - SP - Brasil
Tel.: (11) 3699-7107 | Fax: (11) 3699-7323
www.novoseculo.com.br | atendimento@novoseculo.com.br

novo século®

SUMÁRIO

AGRADECIMENTOS

AO MEU PAI SOBHI, *in memorian*, tão inteligente, carinhoso e dedicado e ainda presente em cada momento dos meus dias. À minha mãe Fadwa, minha inspiração de vida e de vitórias. Meu exemplo de resiliência e superação, minha fonte interminável de sabedorias.

À minha esposa Maristela, minha luz constante em todos os momentos, iluminando e guiando sempre meus caminhos e escolhas. Minha paixão infinita e eterna. A você dedico esta obra e toda minha existência.

Aos meus filhos Felipe e Camila, duas vidas que são parte da minha. Meus amores, meus motores de força e felicidade. Meus ídolos, meus orgulhos!

Para Raquel Rojas. Bem, o que falar da Raquel? Difícil, pois teria que escrever outro livro... Obrigado por idealizar esta obra e dar-me tanto estímulo para que ela tenha se tornado realidade.

A Neila, minha companheira de ideias, palavras, parágrafos, vírgulas e espaços! Obrigado pela preparação do original. Sua competência e profissionalismo são absolutamente sensacionais.

Ao Alejandro Giangaspero, por acreditar em meu trabalho e me empurrar com todas as forças.

A todos os apresentadores, produtores e jornalistas de televisão, rádio, revistas, jornais, sites e blogs etc., por me proporcionarem tantas oportunidades de divulgar meu trabalho para o público.

À minha Clínica Jamal e a todos os colaboradores, médicos e fonoaudiólogas que tenho e que já tive até hoje ao meu lado, por terem me dado tantas experiências e vivências na Otorrinolaringologia ao longo destes quase 30 anos.

E aos meus pacientes, por confiarem em mim em mais de 10.000 cirurgias. Por me ensinarem tudo que sei. Vocês são a razão de toda minha vida profissional e grande, muito grande, parte da minha vida pessoal também.

APRESENTAÇÃO

QUEM NUNCA FICOU DE MOLHO por causa de uma gripe ou resfriado? Quem não se viu, pelo menos uma vez, na dúvida sobre o que fazer para acabar com aquela dor de garganta chata? Que mãe não se sentiu desamparada ao acordar às três da manhã com o bebê chorando por conta de um ouvido inflamado?

Doenças de ouvido, nariz e garganta nos acompanham desde a mais tenra idade. Quando somos crianças, são as que mais nos acometem. Quando adultos, são umas das que mais prejudicam

nossa produtividade. E as que mais tiram nosso sono por conta do bem-estar de nossos filhos. Chegam de repente, se instalam e muitas vezes dão um trabalho danado para ir embora.

Sem ter, em momento algum, a pretensão de substituir a consulta médica e a relação de confiança com o profissional de saúde (este é, aliás, um dos meus lemas, como você vai perceber ao longo deste nosso bate-papo), espero que este livro seja seu companheiro quando se trata da saúde de ouvido, nariz e garganta – a sua e a dos seus.

Trouxe, para este guia, muito do que aprendi ao longo de minha formação, do que vivenciei na prática médica, do que ouvi de meus pacientes ao longo de quase trinta anos de consultório e centro cirúrgico. Não espero levar a você a palavra final – aqui está minha visão particular sobre os cuidados básicos em Otorrinolaringologia e sobre os valores que, na minha visão, devem nortear a relação médico-paciente, tais como cumplicidade, responsabilidade compartilhada e comprometimento irrestrito.

E, para que conheçam um pouco melhor quem eu sou, logo a seguir publico um texto que escrevi nos idos de 1990, extraído do fundo da minha razão e do meu coração. Reflete o que penso e o que faço absolutamente todos os dias da minha vida. Transmite a você o que penso da Medicina e do exercício da Medicina. Expõe meu ser individual e profissional. Leia e sinta cada palavra, cada expressão.

Boa leitura!
Dr. Jamal

NOSSA MISSÃO

EM PRIMEIRO LUGAR, *crer em Deus e estar com Ele a todo instante;*

Honrar o Juramento de Hipócrates, nosso Pai da Medicina;

Entender que nossa função social supera todos interesses;

Acima de tudo respeitar todos, em especial as crianças e os idosos;

Dignificar nossos funcionários e enaltecer a importância de estarem conosco;

Buscar sempre novas técnicas médicas, aprimorando-as e aperfeiçoando continuamente as que já nos são conhecidas;

Cumprir toda legislação vigente referente à prática médica, em especial o Código de Ética Médica;

Oferecer carinho e amparo àqueles que sofrem de qualquer mal;

Ser gentil em cada fala e atitude, ser amável em cada olhar;

E que a resignação nos assole, quando a natureza contrariar nossos desejos;

Olhar nosso passado, viver nosso presente e caminhar em direção ao nosso futuro com honestidade;

Assim vamos comemorar todos os dias o cumprimento de nossa missão!

Dr. Jamal S. Azzam – idos de 1990

1

POR QUE OUVIDOS, NARIZ E GARGANTA?

OTORRINOLARINGOLOGIA. Trava-língua. A palavra mais difícil e uma das mais tradicionais no "jogo da forca". "Oto" vem de ouvido, "rino" vem de nariz, "laringo" vem de garganta e "logia" vem de estudo. O estudo (*logos*) combinado de ouvido (*oto*), nariz (*rino*) e garganta (*laringo*). Ou Otorrinolaringologia ou, ainda mais simplesmente, "otorrino". Palavra que todo mundo já falou, apelido que todo mundo já usou. E a especialidade médica que escolhi, com paixão, para exercer a Medicina.

No começo, décadas atrás, essa especialidade complexa chamava-se Oftalmo-otorrinolaringologia e incluía, também, a saúde dos olhos. Ao longo dos anos, com a expansão da Oftalmologia, as especialidades se separaram e cada uma trilhou um caminho distinto.

Faz muito sentido unificar os cuidados com ouvido, nariz e garganta. São órgãos anatomicamente interligados desde a formação do feto. Uma alteração em um deles pode afetar ou se manifestar em outro. Para exemplificar, uma dor de ouvido pode ser complicação de um resfriado, gripe ou crise alérgica, que acometem, principalmente, o nariz. E, se você está com o nariz entupido, é certo que sua voz, que vem lá da garganta, vai soar diferente a quem ouvi-la.

A Otorrinolaringologia tem muitos encantos. Para mim, como médico, é gratificante atuar em uma especialidade que atende, indistintamente, 100% dos indivíduos: mulheres e homens, adultos e crianças, mesmo recém-nascidos. E essa diversidade não se traduz apenas em idades e gêneros distintos do outro lado da mesa do consultório. Há também as subespecialidades – otologia, rinologia, laringologia –, as possibilidades de atuação – cirurgia plástica facial, cirurgia de cabeça e pescoço, doenças do sono – e, dentro da própria otorrino, diferentes linhas cirúrgicas – as cirurgias de ouvido, mais delicadas e complexas, nas quais me especializei, e as que requerem maior esforço físico, como as de nariz, por exemplo, que também realizo em grande quantidade. Isso sem contar as peculiaridades nos materiais cirúrgicos e de consultório, nos avanços constantes da Medicina nesse campo e o privilégio de, a cada dia, aprender algo novo.

No começo da faculdade de Medicina, eu queria ser cardiologista. Mas, já nos 45 minutos do segundo tempo, na metade do último ano de formação em Medicina, um livro de Otorrinolaringologia, emprestado por uma colega de faculdade, me cativou sem chance de cura! Li, reli e não consegui parar de ler. Um encantamento, uma paixão, um grude ou qualquer outra definição de união entre mim e a Otorrinolaringologia. Assim, não tive mais dúvida nenhuma de que essa seria a área à qual eu iria me dedicar para o resto de minha vida.

Mais que uma escolha, acredito que me foi dada uma missão.

2

CUIDADOS PREVENTIVOS

NOSSA CULTURA BRASILEIRA não incorporou muito os cuidados preventivos em saúde. Apesar das políticas públicas e dos esforços de todos os envolvidos diretamente com as pessoas em geral, a prevenção da doença e, mais ainda, a estabilidade plena em saúde ainda não são preocupações constantes na vida de todos.

Por falar nisso, vamos deixar claro o que é "saúde". A Organização Mundial de Saúde define saúde como "o perfeito bem-estar físico, mental e social". Uma forma linda e abrangente de dizer que os três aspectos combinados e completamente íntegros nos dão a verdadeira saúde.

Saúde completa não depende somente da saúde física. De um cérebro bom, coração batendo direitinho, pulmões limpos e exames de sangue normais. Pois é, não é somente isso, não. A mente deve estar equilibrada e pronta para impulsionar o corpo sempre para frente, com intuito de buscar e manter uma vida mais prolongada e com maior e melhor qualidade.

O ajuste social pleno e igualitário nas necessidades básicas é fundamental. Como falar em saúde plena para alguém desempregado, sem água limpa e esgoto tratado, sem escola e educação acessível em todas as idades, sem moradia digna e com mínimas condições, sem atendimento médico independentemente de suas finanças? Como? Claro que sem nunca esquecer de uma alimentação balanceada e atividade física constante!

Há muito que podemos fazer, no dia a dia, para contribuir com a saúde dos ouvidos, nariz e garganta. Confira algumas dicas.

OUVIDO

Os ouvidos são estruturas muito sensíveis. Por serem órgãos dos sentidos, eles merecem atenção e cuidados especiais. Às vezes, algo aparentemente insignificante pode trazer sérias consequências para os ouvidos.

Mais de uma vez, recebi em meu consultório paciente que foi cortar o cabelo e, por conta de um fiozinho que entrou no ouvido e tocou na membrana do tímpano, ficou temporariamente surdo. Por aí dá para ter uma ideia da fragilidade do ouvido e de suas estruturas.

Lembre-se sempre:

Não insira objetos no ouvido

Isso vale inclusive para o aparentemente inocente bastão ou haste de algodão (popularmente chamado de "cotonete") que usamos para limpeza. Protagonista de diversos acidentes, esse objeto é o campeão de utilização errada em Otorrinolaringologia.

Quando compramos as hastes de algodão, raramente (ou nunca mesmo!) lemos as instruções da embalagem: "não introduzir a haste no conduto auditivo externo". Ou seja, na própria embalagem está escrito que não devemos introduzir as hastes dentro dos ouvidos. Esse hábito está enraizado na grande maioria da população, mas deve ser revisto e reformulado.

Não devemos introduzir as hastes dentro dos ouvidos por diversos motivos: não conhecemos a anatomia do ouvido, não conhecemos detalhes da curvatura do canal do ouvido, não conseguimos ter noção de quanto (em centímetros ou milímetros) estamos introduzindo, sem contar com a falta de noção da força que fazemos nesse ato, que pode ter consequências catastróficas, como trauma na pele, sangramento, perfuração da membrana do tímpano, fratura dos ossinhos dos ouvidos etc.

Nada nunca deve ser introduzido, muito menos tampas de canetas, clips, lápis etc. Sim, isso existe...

A higienização do ouvido deve ser feita com as pontas dos dedos em um pedaço de algodão ou gaze ou até lenço de papel. Meus grandes professores diziam sabiamente que os ouvidos devem ser limpos com os cotovelos... Tente!

Não use "terapias alternativas" e "remédios caseiros"

Vela, papel enrolado aceso com fogo, azeite, leite materno. Jamais insira qualquer desses materiais nos seus ouvidos ou nos de seus filhos. Isso é mais comum do que se imagina e pode causar muitos danos, até surdez definitiva. Importante lembrar que o médico deve sempre ser consultado antes de quaisquer medidas, mesmo que pareçam inócuas.

Cera não é sujeira

Quando um paciente vem ao meu consultório e diz que seu ouvido está sujo, eu pergunto se ele colocou alguma sujeira dentro. Isso porque cera não é sujeira!

A cera é uma substância natural do corpo humano que desempenha alguns papéis importantes, como proteção do canal auditivo, lubrificação do conduto auditivo, além de ser uma barreira contra a proliferação de bactérias e fungos. Se, por motivos estéticos, a presença da cera incomodá-lo, procure o médico otorrinolaringologista.

Depilação com cera, não!

Você pode cortar os pelos dos ouvidos, desde que com muito cuidado e somente na parte externa. Mas depilá-los com cera, jamais!

Lembrando sempre que tudo que fizer deve ser somente na parte externa.

Uso de tampões industrializados para natação

O tampão de silicone ou borracha utilizado na aula de natação pode não vedar totalmente o canal auditivo e, além disso, impedir a água que entrar no ouvido de sair. Ou seja, no mergulho existe uma pressão que empurra a água para dentro, podendo penetrar pelos pequenos orifícios deixados livres pelo tampão. Mas, para sair, não existe forma de pressão. Assim, existe a tendência para a água que entrou não conseguir sair.

Os tampões que eu recomendo são aqueles moldados e feitos sob medida para cada indivíduo e, mais ainda, para cada ouvido. São parecidos com os moldes de aparelhos auditivos e, como são feitos sob medida, aí sim vedam completamente o canal.

Cuidados ao descer a serra ou voar de avião

Quando a gente desce a serra ou voa de avião, via de regra, os ouvidos ficam tampados, o que pode gerar muito incômodo e dores intensas. O segredo para evitar que isso aconteça é equilibrar a pressão dos ouvidos logo que sentir alguma pressão ou ainda antes disso, o que pode ser feito das seguintes formas: mascando chiclete, tampando o nariz e assoprando o ar para os ouvidos ou, no caso de bebês e crianças, oferecendo goles de líquido em pequenos intervalos.

Quando estamos em um avião e as portas se fecham, a cabine começa a ser pressurizada. Nesse momento é fundamental que comecem a ser tomadas medidas para evitar as dores. Os adultos devem iniciar aquele movimento que chamamos de "assoprar para dentro dos ouvidos". É assim: tampe o nariz e assopre lentamente e progressivamente o ar para que entre nos ouvidos, até que sinta um barulho. O movimento deve ser lento, e nunca intempestivo. Repita várias e várias vezes até que o avião esteja em altura de cruzeiro. Assim, não terá dores. Alerto que não faça isso se estiver com resfriado forte ou secreção nasal em excesso.

No caso das crianças, assim que fechar a porta do avião, comece a oferecer líquidos ou um chiclete, se for possível mascar. Bebês muito pequenos devem receber logo o peito ou mamadeira.

Importante: tudo isso deve ser feito antes de sentir dor, pois a dor pode ser reflexo de uma diferença de pressão muito forte e fica então muito difícil compensar.

Tapas e beijos

Um tapa no ouvido, além de ser uma agressão, pode perfurar a membrana do tímpano. Mas também já atendi mães e pais que levaram um tapa acidental de seus bebês ou ainda de jovens, que fizeram isso por uma "brincadeira". A pressão do ar movida pelo tapa pode realmente perfurar a membrana e levar à surdez, que pode ser definitiva.

Beijo no ouvido também não é legal, pois a sucção gera uma pressão negativa que também pode furar o tímpano, da mesma forma que o tapa, mas de modo inverso. Também já atendi vários pacientes com perfuração da membrana do tímpano assim.

Prevenção e controle da audição

Em nosso país, todas as crianças recém-nascidas devem fazer o "teste da orelhinha". Seu nome correto é "emissões otoacústicas". Trata-se de uma triagem neonatal que dá valiosas informações sobre a audição do bebê.

O laudo em geral dá uma das duas afirmações: "passa" ou "não passa".

Para as crianças que recebem o "passa", não há nada imediato a fazer. Já as crianças com o "não passa" devem procurar imediatamente um médico otorrinolaringologista para melhor esclarecimento. Mas faça isso com calma, porque o "não passa" não significa que a criança é surda. Muitas vezes a secreção que fica no ouvido ao nascimento atrapalha o exame, não significando que a criança não escuta. Somente o médico poderá dar o parecer.

Mais para frente, recomendo que todas as crianças com quatro anos ou mais realizem ao menos uma audiometria, que testa a audição do paciente. Isso vale também para todos que tenham queixas auditivas, ou cuja família reporte que tenham (*veja quadro a seguir*).

Sem nenhuma queixa, recomendo que faça audiometria de cinco em cinco anos. Para pessoas com mais de 65 anos, o exame deve ser feito anualmente.

VOCÊ

- pede frequentemente às pessoas que repitam o que falaram?
- tem a impressão de que as pessoas parecem estar sempre murmurando?
- tem dificuldade para ouvir conversas em grupo?
- tem mais dificuldade para entender a fala de mulheres ou crianças?
- não escuta quando alguém está atrás de você?
- tem dificuldade para localizar de onde foi emitido o som?
- tem dificuldade para ouvir a campainha da casa ou o telefone tocar?
- ouve, mas não entende?
- tem dificuldade para ouvir ao telefone?
- tem dificuldade para ouvir televisão no mesmo nível em que a família escuta?
- fica mais próximo da televisão para entender melhor?
- tem dificuldade para ouvir música?
- não ouve tão bem quanto antigamente?
- lê lábios para entender melhor?
- se isola da família porque não entende o que falam?
- percebe se a família se isola de você porque você não entende o que falam?

Nas ondas do mar

Já atendi, no consultório, pacientes que tiveram a membrana do tímpano perfurada pelo impacto das ondas do mar. São situações muito dramáticas, pois passa-se instantaneamente do lazer para o desespero.

Cuidado ao quebrar as ondas "de lado" quando for à praia. Isso vale somente para ondas abaixo da cintura. Nunca faça isso para ondas maiores em que haja risco de que a água bata com pressão no ouvido.

Os males do ruído excessivo

Som muito alto e ruído excessivo podem causar lesões irreversíveis nos ouvidos. Repito e repetirei diversas e diversas vezes essa frase, tamanha a importância disso.

O trauma sonoro tem uma característica única: não vemos o som, não sentimos dor e, pior ainda, muitas vezes gostamos do som extremamente alto. Mas lembre-se: o som alto demais é um veneno invisível e possivelmente letal para a audição! E o pior é que as lesões induzidas por ruído se iniciam em faixas de frequência que não utilizamos normalmente. Ou seja, quando começamos a sentir os efeitos, como diminuição da audição, o problema já está avançado.

E como sabemos a que tipo de som ou ruído podemos nos expor e por quanto tempo? Veja abaixo na tabela "Nível de ruído x máxima exposição diária permissível". Por exemplo, pode-se ouvir até oito horas seguidas um som com intensidade de 85 decibéis (dB). Lembrando que um tocador de mp3, por exemplo, pode emitir um som que chega a 110 ou até 120 dB! Note como o período de exposição diminui demais com qualquer pequeno aumento do nível de intensidade sonora. Aumentando de 96 para 98 dB, ou seja, um aumento de 2 dB, o tempo de exposição cai em trinta minutos.

Muito cuidado também com os fones de ouvidos, especialmente em ambientes ruidosos: ônibus, metrô, trem etc. Nesses locais o ruído ambiental já é muito alto. A pessoa coloca o fone de ouvido para ouvir música e se distrair. Mas, sem nem perceber, ela vai aumentar muito o som do mp3 ou celular, uma vez que o ruído externo já é muito alto. Então, para o ouvido, o resultado é a soma do ruído externo e do som do mp3 ou celular. Dessa forma, chega-se a um alto risco de lesão, especialmente porque a pessoa demora muito tempo, às vezes horas, para chegar em casa.

Além de lesões auditivas, a exposição a ruído excessivo pode causar zumbidos e tontura. Infelizmente, o zumbido pode ser definitivo também e causar muitíssimo incômodo. Daí a importância de se tomar alguns cuidados quando não for possível evitar tal exposição, ou seja, quando for a baladas, festas, shows musicais, escolas de samba, cultos religiosos e ambientes muito ruidosos de maneira geral. O principal deles é a utilização de protetores de espuma, baratos e seguros. Adote-os sempre que possível, principalmente com as crianças.

Lembre-se: não arrisque com sua audição. A perda definitiva existe mesmo e pode ser uma desgraça para o resto da vida de uma pessoa.

Veja abaixo o quadro do Ministério do Trabalho, o qual orienta muito bem quanto à relação de nível de intensidade sonora e ao tempo máximo de exposição, a partir do qual existe risco de lesão auditiva permanente.

Nível de Pressão Sonora -NPSdB(A)	Máxima exposição diária permissível
85	8 horas
86	7 horas
87	6 horas
88	5 horas
89	4 horas e 30 minutos
90	4 horas
91	3 horas e 30 minutos
92	3 horas
93	2 horas e 40 minutos
94	2 horas e 15 minutos
95	2 horas
96	1 hora e 45 minutos
98	1 hora e 15 minutos
100	1 hora
102	45 minutos
104	35 minutos
105	30 minutos
106	25 minutos
108	20 minutos
110	15 minutos
112	10 minutos
114	8 minutos
115	7 minutos

Anexo 1 da NR 15, redação dada pela Portaria nº 3.214, de 08/06/78 (http://portal.mte.gov.br)

Qual é o fone de ouvido ideal?

Recomendo um fone de ouvido que isole totalmente o ruído externo. Ou seja, um fone "tipo concha" e com recursos de bloquear totalmente a entrada do ruído externo indesejável (alguns deles têm um mecanismo eletrônico de eliminação do ruído externo). O problema atual é o alto custo desse tipo de dispositivo. Se isso então não for possível, uma dica é manter o nível do som até no máximo 70% do volume total do equipamento.

Cuidado com os fones de ouvido

Um problema muito comum decorrente do uso de fones de ouvido é a otite externa, uma inflamação do canal do ouvido, provocada pela forma incorreta de colocar o dispositivo ou pela entrada e retenção de suor dentro do ouvido por tempo prolongado. Introduza o fone com cuidado e mantenha-o sempre higienizado.

NARIZ

Brinco sempre com meus pacientes e digo que Deus criou o nariz antes de criar os óculos. O nariz tem suas funções, que são fundamentais para o corpo humano. Ele serve para aquecer o ar, umedecê-lo, filtrá-lo e verdadeiramente condicioná-lo para que chegue aos pulmões de forma ideal para a troca gasosa. Além disso, o sentido do olfato é fundamental.

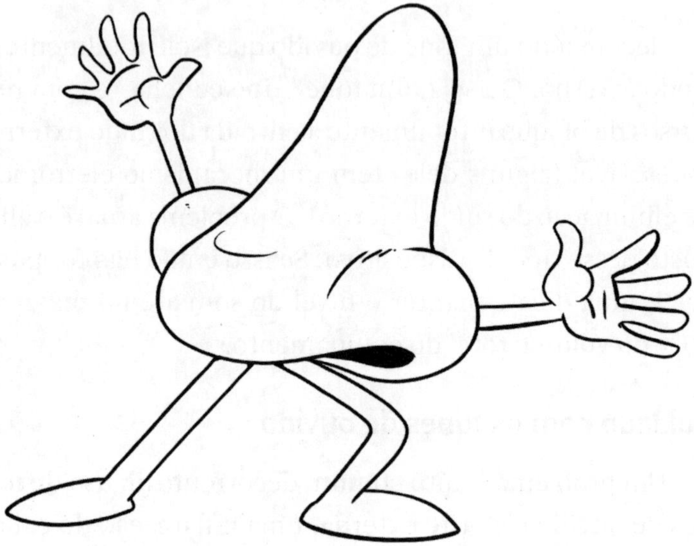

Sobre o olfato, uma curiosidade: o olfato originalmente é um sentido determinado a perceber cheiros ruins, e não cheiros bons. Assim, nos primórdios da humanidade, fazia com que a pessoa se afastasse de ambientes perigosos, com gases tóxicos. Também, já pensou por que o nariz é avançado em cima da boca? Para sentir o cheiro do alimento e evitar comidas podres ou venenosas. Ainda bem que a humanidade avançou e podemos então sentir com prazer o delicioso cheiro da comida feita pela vovó ou até do perfume sedutor da pessoa amada...

Pois é, em pouquíssimos segundos o nariz faz a filtragem, aquecimento e umedecimento do ar, para que este chegue aos pulmões nas condições ideais e sempre a 36 graus, independentemente da temperatura externa. Deu para sentir a responsabilidade do nariz para com a nossa saúde? Motivo mais que suficiente para cuidarmos bem dele!

Hidratação é fundamental

A mucosa é a "pele" que reveste o nariz internamente. Ela deve estar úmida o tempo todo. Nela, há cílios minúsculos (como pequenos fios de cabelo), que se mexem rapidamente para mobilizar a secreção, que é onde ficarão grudados poeira, vírus e bactérias. Se a secreção estiver grossa, os cílios não se movem na velocidade adequada, a secreção tende a ficar parada e as portas ficam abertas para a proliferação de microrganismos causadores de gripes, resfriados, outras doenças virais e bacterianas. A secreção seca é "grudenta" e muito difícil de ser mobilizada. Já a secreção bem hidratada é fluida e sai facilmente.

Portanto, hidratar sempre a mucosa nasal ajuda a garantir que tudo aconteça como deve ser. Por isso, especialmente nas épocas de clima seco, umedeça sempre o nariz com soro fisiológico, seja em gotas, spray ou com uma seringa. E tome muita água, sempre! O substrato principal de formação da secreção é água, e sem ela nada funciona.

Às mães, uma dica importante é umedecer o nariz dos bebês a cada troca de fralda. E o mais importante é umedecer com soro fisiológico morno. Bebês têm um controle de temperatura corporal mais delicado e não tão eficiente. Então, pingar soro fisiológico à temperatura ambiente pode significar um resfriamento interno do nariz. Uma prática bem legal é aquecer o soro fisiológico em um frasco conta-gotas à temperatura do corpo humano, ou seja, próximo de 36 graus.

Recomendo que a mãe faça o seguinte: tenha sempre soro fisiológico na geladeira. De manhã, todos os dias, jogue fora o conteúdo do dia anterior e lave o frasco conta-gotas. Então, encha o frasco com o soro fisiológico que está na geladeira. Amorne um pouco de soro fisiológico no micro-ondas ou em banho-maria. Teste a temperatura pingando no seu próprio nariz ou no dorso da sua mão e coloque o conteúdo de um ou dois conta-gotas de uma vez em cada narina do bebê. No dia seguinte, descarte novamente o conteúdo que sobrar e repita o processo. Isso faz com que o soro fisiológico esteja sempre isento de bactérias ou vírus, e o aquecimento leva a um processo mais fisiológico de umedecimento.

Uma curiosidade: os frascos conta-gotas de soro fisiológico antigos e muito famosos continham uma substância chamada “cloreto de benzalcônio” em sua formulação. Esse produto era acrescentado porque o frasco durava muitos dias e, no processo de pingar no nariz, o conta-gotas sempre vinha com um pouco da secreção nasal. Para evitar que essa secreção contaminasse o conteúdo do frasco, a indústria farmacêutica acrescentava então uma substância que mantivesse o soro fisiológico sem contaminação. Hoje em dia, os frascos contêm válvulas que impedem a entrada de secreções em seu interior, portanto já não é necessário acrescentar o cloreto de benzalcônio. Geralmente esses produtos são identificados como "SSC", ou seja, "solução sem conservantes".

A minha dica de manter o soro fisiológico na geladeira e trocar o conteúdo todos os dias substitui bem essa função e de modo bem mais barato! E, atualmente, também dispomos dos sprays de jato contínuo de soro fisiológico. Certamente são os mais fáceis e melhores para crianças a partir de dois anos, adultos e idosos. Experimente!

Cuidado ao assoar o nariz

Quem já não fez escândalo ao assoar o nariz? É, mas usar a força pode mesmo ser perigoso. Quando estamos gripados ou resfriados, o nariz costuma ficar inchado por dentro e, com isso, entupido. Devemos evitar assoar o nariz com força nessas situações, já que a causa do entupimento não é a secreção, mas sim o inchaço, que pode piorar ainda mais o próprio resfriado se a secreção for empurrada para dentro do ouvido, levando a uma otite. Sim, assoar o nariz muito forte quando está entupido e/ou com muita secreção pode levar à otite, cuidado!

Espinhas

A pele do espaço dentro de um triângulo imaginário formado entre as sobrancelhas e a ponta do nariz tem uma drenagem venosa importante, que passa pelo cérebro. Por isso, deve-se evitar ao máximo espremer espinhas no nariz ou dentro dessa área do triângulo, pois as bactérias podem entrar no sangue e causar complicações graves.

Pode-se drenar a espinha com uma ponta de agulha esterilizada, mas nunca apertá-la com força demais.

Pelos

Cortar os pelos que estão do lado de fora das narinas não oferece riscos, desde que feito com muito cuidado. No entanto, não se deve cortar os pelos internos, pois isso pode causar pequenos ferimentos e gerar infecções sérias. Atendi muitos e muitos pacientes que, ao cortar os pelos internos, geraram pequenos ferimentos e sangramentos. A infecção instalada faz com que o nariz fique inchado, vermelho demais e extremamente doloroso. Será que não é essa a origem do "nariz de palhaço"?

Rapé

Aspirar rapé, um hábito pouco presente nas grandes cidades, mas ainda comum em localidades mais afastadas, é totalmente contraindicado. Por incrível que pareça, esse hábito ainda é comum.

Materiais nocivos

Quando for trabalhar ou executar atividades que geram muito pó, como lixar madeira ou uma parede, ou ao manusear produtos químicos, proteja-se com uma máscara descartável, que é barata e fácil de usar. Eu sei que pode parecer antissocial, mas o uso é fortemente recomendado e adequado. E vale a mesma orientação no dia daquela faxina mais pesada ou ao lavar o quintal com cloro ou água sanitária.

Espirrar de boca fechada? Não pode!

Nunca espirre de boca fechada, pois toda a pressão pode ser direcionada ao ouvido, causando dor e lesões. Não precisa acordar os vizinhos, mas espirre sempre com a boca aberta. Muitas pessoas acham o ato de espirrar feio e acabam "retendo" os espirros. Vejo isso com frequência e repudio sempre. Lembre-se: espirrar é um ato normal, mas segurar o espirro é anormal.

Aspirando secreção do nariz de bebês e crianças

A bombinha que as mães utilizam para aspirar a secreção do nariz dos bebês é muito prática e um item importante no kit de higiene. Mas deve ser utilizada com cuidado e somente quando a secreção estiver bem fluida. Sempre, antes da aspiração, jogue bastante soro fisiológico com o conta-gotas. O ideal são os equipamentos especiais de aspiração de nariz de bebês movidos a pilhas, mas eles (ainda) não estão à venda no Brasil. São delicados e com poder suave de aspiração, fazendo uma limpeza muito eficiente, indolor e sem machucar.

Para a limpeza geral, tanto em bebês quanto em crianças maiores, em especial naquela fase em que cutucam o nariz formando casquinhas, utilize um bastão ou haste de algodão com soro fisiológico ou água oxigenada. Se houver a formação de "casquinhas" ou crostas, umedeça então o algodão com óleo de amêndoas. Ajuda muito na cicatrização.

Como ensinar a criança a assoar o nariz

Ah... quando a criança pequena está resfriada, com aquela secreção, você quer muito que ela jogue tudo para fora. Mas a criança pequena não sabe o que você quer. Um método bem simples consiste em colocar um pequeno espelho abaixo do nariz da criança e orientá-la a puxar o ar pela boca e soltá-lo pelo nariz com força. Ao ver o espelho embaçado, ela vai entender o efeito dessa movimentação e, assoprando pelo nariz cada vez mais forte, aprenderá naturalmente o mecanismo de assoar. Usando esse método, se a criança estiver com a secreção no nariz, ao assoprar, ela vai sujar o espelho todo e com isso dar boas risadas... Repetindo isso, logo ela vai aprender a assoar o nariz.

GARGANTA

Da mesma forma que os ouvidos e o nariz, a garganta exerce funções importantes no organismo e deve ser alvo de cuidados específicos. Pela garganta passam alimentos e o ar. Além da função de passagem, a garganta tem estruturas de proteção imunológica, que são as amígdalas. Por conseguinte, essa estrutura mista tão interessante merece preocupação constante com sua manutenção.

Não cutuque as massinhas brancas

As amígdalas ficam no fundo da garganta, nas laterais. São estruturas de defesa do organismo, captando bactérias e vírus, além de gerar contato de substâncias novas para o corpo, induzindo a formação e liberação de anticorpos. Para essa função e para que se possa aumentar a superfície de contato, anatomicamente as amígdalas são formadas com furos ou "criptas", canais bem profundos que vão até quase a base delas.

Entretanto, essas criptas podem ter a abertura ampliada e então reter involuntariamente restos de alimentos. O acúmulo desses pequenos restos de alimentos favorece a formação de massinhas brancas, que se alojam nas amígdalas. Elas se chamam *caseum*. Geralmente levam a muito incômodo, com a sensação de algo "cutucando" a garganta. Levam frequentemente também a mau hálito.

Há quem tente retirar essas massinhas com bastões de algodão, lápis e outros objetos alongados. Quando conseguem retirá-las, percebem um odor fétido intenso. O ato de tirar forçadamente o *caseum* pode gerar trauma local e até sangramento. Isso irrita as amígdalas, podendo levar a infecções e, pior ainda, aumentar mais ainda os orifícios, gerando mais e mais retenção de alimentos. Para o bem das amígdalas e da garganta, tal hábito de retirar forçadamente o *caseum* é proibido!

Objetos pontiagudos

Muito cuidado com as crianças, que não devem andar e/ou correr com pirulitos ou objetos pontiagudos na boca. Vemos isso muito, não é? No caso de um tropeção ou uma queda, tais objetos podem atingir e ferir a garganta e as amígdalas. Eu já tive, inclusive, que operar urgentemente um paciente que teve a amígdala perfurada por uma haste de um pirulito, causando hemorragia. Em outro caso de urgência, a perfuração foi no céu da boca e, no caso, o lápis foi parar dentro do nariz.

Cuidado ao escovar a língua

Se tiver esse hábito, faça-o sempre com uma escova macia e movimentos muito suaves. Se utilizar muita força, ao invés de limpar a língua para tentar eliminar a secreção branca, você vai piorar o problema, pois o próprio trauma das cerdas da escova vai gerar uma irritação e consequente formação de mais restos celulares brancos. No lugar da escova, sugiro que experimente utilizar o dedo enrolado com uma gaze e fazer movimentos suaves de dentro para fora. Vai limpar adequadamente, sem traumas.

Remédio é com bastante água

Sempre tome comprimidos com muita água, e nunca somente com saliva. O medicamento pode entalar ou grudar na garganta, causando engasgo e irritação no local, por conta da constituição química do comprimido. O cuidado deve ser redobrado no caso dos idosos, cuja produção de saliva é menor. Tomar os remédios com muita água tem um "efeito colateral" muito bom: a hidratação!

Espinha de peixe, um perigo

Sua mãe estava certa ao lhe pedir para tomar cuidado quando comer peixe. Além de uma sensação horrível, ter uma espinha de peixe na garganta pode causar problemas sérios, como infecções. Quem já teve sabe o desconforto de uma espinha fincando como uma agulha na garganta a toda engolida. Também pesa o fato de a espinha ser transparente, misturando-se e camuflando-se facilmente com a saliva, sendo difícil retirá-la. Já tive de administrar anestesia geral em mais de um paciente por conta disso. Em um deles eu levei três horas para encontrar a espinha!

E atenção: cuidado triplicado com crianças, as quais devem receber o peixe totalmente isento de espinhas.

Jejum prolongado e o hálito

Ficar muito tempo sem comer causa mau hálito. Mais um motivo para seguir as recomendações médicas de comer de três em três horas. Além de tudo, isso ajuda a evitar esse desconforto social, que pode ser muito desagradável.

Comer e deitar em seguida

Uma combinação totalmente desaconselhável! Muitas coisas erradas podem acontecer, como a regurgitação ou refluxo gastroesofágico também (vamos falar muito deste mais adiante). Nos dois casos, vale a máxima: cuidar bem do estômago faz bem para a garganta!

Alimentos muito ácidos

Tome cuidado com alimentos e bebidas muito ácidas, que podem causar aftas na garganta. No caso de alimentação assim, faça pausas ou intercale com outros alimentos, diminuindo a chance de acidez local em excesso.

E tomar gelado, pode?

Uma questão sempre presente e muitíssimo interessante. Todo excesso é prejudicial para o corpo humano. Mas, no calor, todos ficamos com uma vontade de um sorvete ou uma bebida muito gelada. Ora, se o calor é excessivo, um sorvete ou um gelado não faz mal nenhum. Mas, como na orientação acima, procure intercalar com goles de água não tão gelada ou faça pausas periódicas na ingestão.

Lembro-me de uma criança que atendi com uma infecção terrível na garganta. Os pais disseram que a criança insistiu muito e então tomou oito sorvetes seguidos! Não preciso falar mais nada...

Sal e água morna

Quando sentir aquele incômodo leve na garganta, não tenha medo de apelar para a receita clássica de gargarejo: um copo de água morna e uma colher (de café) de sal. Está liberado. Mas evite totalmente o gargarejo com vinagre. O ácido sempre piora a garganta e favorece em vez de prevenir as infecções.

Cuidados com a voz

A voz é ainda nosso principal instrumento de comunicação. E não somente isso, pois ela também revela e expõe sua emoção. Uma beleza incrível e imensurável. Sua importância é diretamente proporcional à relevância dos cuidados com as pregas vocais (que é como devemos chamar as cordas vocais), que podem ser resumidos da seguinte forma:

- Não fume. Um dos piores hábitos da vida moderna, o fumo prejudica o corpo todo e também as pregas vocais. Uma irritação local direta.
- Evite o consumo excessivo de bebidas alcoólicas. Quando frequentes, esses hábitos podem levar ao desenvolvimento de câncer na cabeça e pescoço. Quase 100% dos casos de câncer de laringe que atendi acometeram pacientes que bebiam *e* fumavam, ou seja, fumantes e alcoólatras ao mesmo tempo.
- Evite forçar muito a voz e por períodos prolongados, mesmo que seja no jogo de futebol ou no bar com os amigos.
- Procure não ficar muito tempo em ambientes com ar condicionado, que resseca as pregas vocais. Se precisar ficar, então tome água frequentemente.
- No lugar de pigarrear, tussa e beba muita água. O pigarro leva a uma vibração traumática das pregas vocais e pode piorar mais ainda essa sensação chata.

- Não use roupas com o colarinho apertado, pois isso restringe a movimentação da musculatura utilizada na fala e predispõe ao cansaço das pregas vocais.
- Evite gritar. Isso é coisa para profissional. Mesmo quem faz tratamento com fonoaudiólogo tem dificuldade para aprender a gritar sem machucar a garganta. Já atendi casos de hemorragias nas pregas vocais depois de gritos intensos.
- Sussurrar e "cochichar" também fazem mal, assim como tossir com força excessiva.
- Beba muito líquido, principalmente os naturais e não adoçados.
- Ao fazer alguma atividade que requeira a utilização intensa das pregas vocais, como dar uma palestra ou uma aula, prepare sua voz, hidratando as pregas vocais: meia hora antes da atividade, beba muita água.
- Se você fala muito ou trabalha com a voz, sempre procure um otorrinolaringologista para uma avaliação. Enquanto isso, faça pausas ao longo do dia. Depois de um dia de muito trabalho para as cordas vocais, procure falar menos.
- Nunca faça nenhum tratamento de problemas de voz com fonoaudiólogos antes de consultar um otorrinolaringologista. Somente o médico pode fazer um correto diagnóstico de doenças e então encaminhar para um tratamento fonoaudiológico. Entretanto, vejo na minha prática diária a inversão

dessa sequência natural, o que pode levar a muitos problemas graves.

- Cuide da saúde do estômago, principalmente do refluxo gastroesofágico, que está associado à massiva maioria das lesões nas pregas vocais.
- Cantar, mesmo que em grupos amadores ou no coral da igreja, requer preparo da voz. Cuide-se para evitar lesões. As pregas vocais são músculos, e os movimentos repetitivos executados sem cuidado podem lesá-los como a alguém que exagera na academia. Atendo muitas pessoas que empolgadas entram para um coral e forçam demais a voz. Falar, todos podemos, mas sobrecarregar as pregas vocais já é outra situação e precisa de orientação bem específica.
- Você pode comer maçã ou romã para cuidar da voz, como diz a sabedoria popular. Os benefícios não são comprovados nem aceitos como Medicina baseada em evidências, mas por outro lado também não fazem nenhum mal.

3

EXAMES MAIS COMUNS

CONHEÇA, NESTE CAPÍTULO, alguns dos exames mais comuns que o médico otorrinolaringologista pode realizar no consultório ou pedir que sejam feitos no laboratório. São exames - uns simples, outros complexos - que permitem ao especialista pesquisar a saúde de ouvido, nariz e garganta. Fundamentais para o diagnóstico, eles proporcionam ao médico o conhecimento que abre espaço para uma possível solução.

OUVIDOS

Audiometria

Trata-se de uma forma de se medir a audição, desde que o paciente seja capaz de responder aos estímulos sonoros. A audiometria é um exame bastante completo, detalhado e preciso. Realizado em várias etapas, geralmente pelo fonoaudiólogo, é indolor e não invasivo, não requer preparo específico e pode ser principalmente de dois tipos: tonal e vocal.

Na *audiometria tonal*, o paciente entra em uma cabine isolada acusticamente e coloca um fone de ouvido. Estimula-se um ouvido de cada vez com tons puros, ou seja, cada tom em uma frequência específica, dos graves aos agudos, com intensidade que começa alta e vai sendo diminuída, até que o paciente não responda mais – este é, então, considerado o limiar mínimo de audição para determinada frequência. Assim, sucessivamente, é feito para várias frequências nos dois ouvidos, concluindo o que se chama audiograma de via aérea. Há, ainda, o audiograma de via óssea, que consiste na emissão de vibrações em um osso que fica bem atrás da orelha, o mastoide.

A condução da audição pela via aérea depende da presença e da integridade funcional da orelha, do canal do ouvido, da membrana do tímpano e dos ossículos martelo, bigorna e estribo. Já a condução da audição pela via óssea não depende desses fatores, pois o estímulo sonoro fornecido transmite-se pelo osso diretamente até o nervo auditivo (cóclea). Em um paciente com a audição considerada normal, a condução pelas vias aérea e óssea deve ser semelhante. A análise de cada ponto no gráfico resultante da audiometria, bem como do conjunto dos pontos, pode fornecer informações muito importantes para o diagnóstico.

Na *audiometria vocal* (ou logoaudiometria), o objetivo é avaliar a audição da fala, e não de tons puros. É fornecido um estímulo de fala, e em crianças isso pode ser fornecido através de figuras, brinquedos etc. Para o reconhecimento da fala, conversa-se em intensidades cada vez menores e detecta-se a plena compreensão da conversa.

Como eu já havia dito, eu recomendo que todas as crianças com idade a partir de quatro anos façam a audiometria, pois muitas perdas auditivas podem ser facilmente detectadas por meio desse exame, com o encaminhamento o mais precoce possível para tratamento adequado. Todos devem realizar o exame na presença de queixas ou rotineiramente a cada cinco anos, antes dos 65, e anualmente, após essa idade.

Impedanciometria ou imitanciometria

Esse exame consiste na medição da mobilidade da membrana do tímpano e da cadeia ossicular, bem como da pressão do ouvido médio. Veda-se o canal de um dos ouvidos com uma sonda, que vai injetando pressão, enquanto o outro ouvido recebe um fone. A sonda injeta pressões positiva e negativa no canal do ouvido, como se estivesse assoprando e depois puxando a membrana do tímpano, o que faz com que ela se mova. Se a membrana do tímpano, os ossículos e a tuba auditiva apresentarem problemas, a mobilidade da membrana pode não ser a mesma e gerar curvas diferentes no resultado do exame. Além disso, a impedanciometria emite sons e capta o reflexo desses sons pela membrana do tímpano. A propagação do som vai depender da flacidez ou rigidez da membrana, e a resposta vai depender da intensidade do estímulo e da condição da musculatura ligada à membrana.

Também é um exame não invasivo, dura cerca de poucos minutos e o resultado sai na hora. Gera um pequeno desconforto, mas absolutamente tolerável, tanto em adultos quanto em crianças. Normalmente, é realizado em associação com a audiometria e também contribui para a detecção de doenças da comunicação entre ouvido e nariz.

Bera

O exame *bera* constitui-se em uma medição da audição que não depende da resposta do paciente. Por isso, pode ser feito em crianças bem pequenas, que ainda não falam ou não têm a capacidade de responder, em indivíduos com distúrbios mentais, ou ainda em simuladores (pessoas que procuram "errar" propositadamente na audiometria tonal e/ou vocal para que o resultado seja pior que o real e, dessa maneira, obtenham benefícios em processos judiciais ou mesmo o passe livre no transporte público, que é direito de deficientes auditivos).

No *bera*, o paciente utiliza fones de ouvido que emitem "cliques" sonoros captados diretamente no cérebro, por meio de eletrodos. Com essa técnica, é possível verificar a integridade da condução da audição não somente pelos ouvidos, mas também pelos estímulos que chegam ao cérebro. Como o paciente precisa ficar imóvel, em crianças pequenas ou pacientes com distúrbios mentais e/ou de comportamento pode ser necessário administrar sedação, por meio da indução do sono. O resultado é sempre confiável, contudo não é tão preciso quanto a audiometria. É um exame não invasivo, indolor, que dura cerca de trinta minutos e é fundamental para crianças que não passaram pelo teste da orelhinha na maternidade.

Teste da orelhinha

É o exame de emissões otoacústicas. Trata-se de um apoio aos outros exames auditivos, mas é especialmente importante na triagem da audição de recém-nascidos. É feito com um aparelho pequeno e portátil. Coloca-se o aparelho no ouvido e o aparelho emite um som. É totalmente indolor e muito rápido.

Exame otoneurológico

O *exame otoneurológico* visa detectar problemas no labirinto, ou seja, na parte do ouvido interno responsável pela manutenção do equilíbrio do corpo humano. Muitas vezes, é solicitado para se fazer o diagnóstico de labirintite.

Não dá para negar - o exame otoneurológico costuma ser bastante desagradável. O paciente fica deitado em uma maca ou recostado em uma poltrona e recebe estímulos no labirinto por meio da irrigação nos canais dos ouvidos com água quente e, depois, água fria. Logo que a água começa a entrar nos ouvidos, o paciente costuma sentir uma forte tontura. Muitas vezes ocorrem também náuseas e/ou vômitos, durante ou logo após a realização do exame. Em vez da água, pode-se utilizar também o estímulo por ar.

O paciente deve começar a se preparar para o exame otoneurológico de um a três dias antes de sua realização. Nesse período, não pode tomar café, chá preto ou mate, chocolate ou bebidas alcoólicas, e deve diminuir o fumo ao máximo. No dia do exame, é preciso estar em jejum, por conta da provável ocorrência de náuseas e/ou vômitos. É muito importante que o exame não seja realizado durante a crise de labirintite nem próximo dela. Eu costumo solicitar um intervalo de 45 a 60 dias após a crise para submeter o paciente ao exame otoneurológico, que pode, por si só, ocasionar ou desencadear uma crise.

NARIZ

Nasofibroscopia

Certamente é o exame mais comum e mais importante para ser realizado no nariz, em consultório.

A *nasofibroscopia* é um exame de endoscopia do nariz, realizado com um aparelho bem fino, com cerca de três milímetros, e que permite a transmissão e visualização do vídeo em tempo real durante o procedimento. Esse exame fornece uma visão bastante detalhada de toda a superfície e também da parte de trás do nariz, chamada de "cavum" ou "rinofaringe", onde costuma crescer a adenoide (também conhecida como "carne esponjosa"). Pode diagnosticar desvios do septo nasal, pólipos nasais, problemas nos cornetos ou conchas nasais, secreções anormais, sangramentos, muitas doenças dos seios da face e tumores, entre outros problemas.

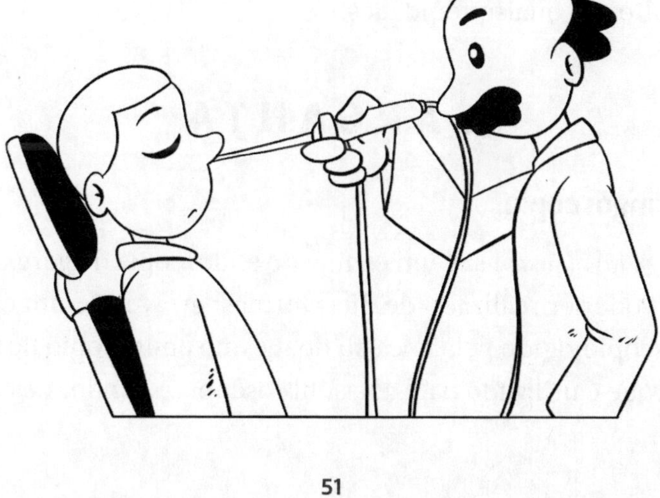

Recomenda-se que o exame seja realizado em todas as consultas nas quais o paciente apresente queixas nasais, pois somente o exame com espéculo nasal não é suficiente para visualizar todo o nariz, que é estreito e sinuoso. É um exame muito rico em informações, fundamental para diagnóstico e acompanhamento inclusive de pacientes em pós-operatórios.

Embora incômoda, a nasofibroscopia geralmente é indolor. Utiliza-se anestesia local, mais comumente lidocaína, que é aplicada através de sprays no nariz. O aparelho é introduzido pelas narinas e percorre um caminho extenso dentro de ambas fossas nasais. É possível enxergar quase todas as estruturas do nariz e as regiões dos orifícios de comunicação com os seios da face. O efeito da anestesia é praticamente imediato e rápido em termos de duração, geralmente, passando em quinze minutos a meia hora. O paciente pode ir para casa sozinho e mesmo dirigindo após o exame.

A nasofibroscopia pode ser realizada em crianças e adultos de quaisquer idades.

GARGANTA

Laringoscopia

A *laringoscopia* é um exame de endoscopia da garganta. Pode ser realizado de duas formas: através de um endoscópio rígido pela boca ou do mesmo endoscópio flexível que é utilizado para a nasofibroscopia – sendo, nesse

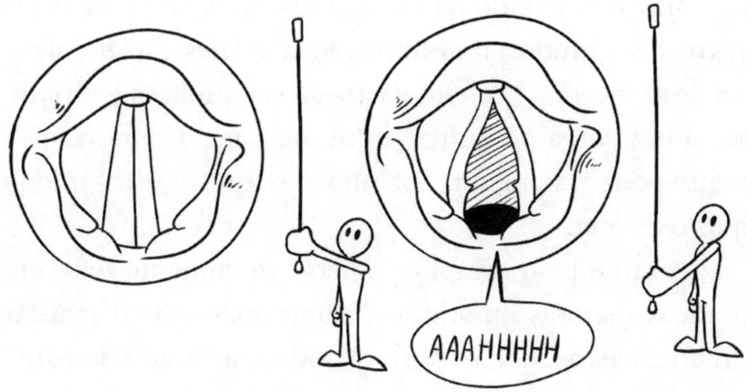

caso, um prosseguimento desta. O endoscópio rígido gera uma imagem de melhor definição, mas o exame, embora indolor, é mais incômodo.

Esse exame avalia muito bem toda a parte inferior, especialmente a laringe e as pregas vocais, sendo que se pode ver a estrutura e o funcionamento destas em repouso, na respiração ou na fonação (fala). É indicado para detecção e investigação de uma série de problemas, como rouquidão, falhas na voz, não conseguir alcançar o tom (cantores), cansaço vocal, dores, suspeita de refluxo, inflamações, pólipos e inchaço nas pregas vocais. Deve ser realizado em todos os pacientes com queixas de problemas de voz e na grande maioria dos pacientes com queixas na garganta. Fortemente indicado para ser realizado em todos os fumantes, independentemente de quaisquer queixas.

A laringoscopia também é feita com anestesia local. Se for utilizado o aparelho rígido, pela boca, o anestésico em spray é borrifado na boca também. No caso de ótica flexível, seguindo a nasofibroscopia, a anestesia é a mesma deste exame. O efeito da anestesia também é rápido, passa em cerca de quinze minutos a meia hora. O paciente pode ir para casa sozinho e, se quiser, dirigir logo após o exame.

O exame pelo aparelho rígido é geralmente feito em crianças maiores ou adultos, sendo mais difícil realizar em crianças pequenas. Mas, quando é utilizado o aparelho flexível da nasofibroscopia, pode-se fazer então desde crianças pequenas até adultos de todas as idades.

Laringoestroboscopia

Embora consiga fornecer uma ampla visualização da estrutura da laringe e das pregas vocais, a laringoscopia não consegue "enxergar" a vibração exata e o comportamento detalhado das pregas vocais. Para tanto, quando recebo em meu consultório um paciente com queixa vocal e preciso de detalhes, recorro à *laringoestroboscopia.*

Na laringoestroboscopia, utiliza-se uma luz cuja frequência é modulada para se igualar à frequência da vibração das pregas vocais, possibilitando a visualização de uma imagem dinâmica das pregas, chamada de "onda mucosa". Esse exame permite uma avaliação muito mais detalhada, muitas vezes contribuindo de maneira decisiva para o diagnóstico dos problemas de voz, bem como das decisões dos tratamentos e condutas presentes e futuras.

Polissonografia basal e para titulação de CPAP

Você deve estar se perguntando o que a polissonografia tem a ver com a garganta, certo? E a resposta é imediata: tudo.

A polissonografia é um exame de "padrão ouro" para o diagnóstico da síndrome da apneia e hipopneia do sono (SAHOS). É um exame que se realiza com a pessoa dormindo a noite toda em um laboratório do sono. Durante o exame são colocados inúmeros eletrodos na cabeça, no pescoço, nas pernas. Também são colocados sensores no dedo e cintas no tórax e na barriga. Tudo para monitorar o sono no aspecto respiratório e neurológico. Não é nada doloroso, apesar de certamente um pouco desconfortável. Em Otorrinolaringologia, o direcionamento do exame é para a parte respiratória, ou seja, para a detecção se a pessoa ronca ou tem a SAHOS.

Muitas pessoas me perguntam se vão conseguir dormir no laboratório. A resposta é sim, a grande maioria das pessoas dorme, logicamente não tão bem quanto em casa, mas o suficiente para uma boa monitorização e fornecimento de inúmeras informações valiosas para o diagnóstico final. O exame detecta se a pessoa ronca e quantos episódios de ronco ocorreram durante aquela noite de sono. Também diz se existem paradas respiratórias (apneias ou hipopneias), determinando não só o número delas, mas também a duração de cada uma e se durante as paradas respiratórias existe uma queda na oxigenação do sangue ou até arritmias cardíacas. Chega-se a um número da média das paradas respiratórias durante uma hora de sono: chamamos de Índice de Apneia e Hipopneia (IAH). Abaixo uma tabela para que você tenha uma ideia dessa classificação:

IAH	RESULTADO
< 5 paradas respiratórias/hora	NORMAL
≥ 5 e < 15 paradas respiratórias/hora	APNEIA LEVE
≥ 15 e < 30 paradas respiratórias/hora	APNEIA MODERADA
≥ 30 paradas respiratórias/hora	APNEIA ACENTUADA

É claro que somente o IAH não é o suficiente para o diagnóstico, e o médico também deve ter acesso ao que chamamos de "hipnograma", que é o gráfico que mostra os diversos parâmetros durante a noite toda.

Atualmente dispomos também da "polissonografia domiciliar", que é realizada na casa da pessoa. Um grande avanço da Medicina e que certamente diminui muito o desconforto de ter que passar a noite no laboratório. Quando o médico precisa saber qual a pressão do aparelho de CPAP necessária para vencer a obstrução na garganta, então faz-se o que chamamos de "titulação para CPAP". Nesse caso, o paciente dorme com uma máscara através da qual o ar vem com pressão. Durante o sono, o técnico que está monitorando o exame vai aumentando a pressão do ar até que veja que não estão mais ocorrendo as paradas respiratórias. Esse número então é enviado ao médico assistente. Por enquanto, a titulação de CPAP é realizada somente no laboratório do sono.

4

DOENÇAS MAIS COMUNS

OUVIDO

EMBORA NO LINGUAJAR TÉCNICO não se utilize o termo ouvido, e sim "orelha", aqui adotaremos a forma mais utilizada pela população, com as subdivisões do termo ouvido:

- Ouvido externo: compreende a orelha, o canal do ouvido e a porção externa da membrana do tímpano.
- Ouvido médio: porção interna da membrana do tímpano, ossículos martelo, bigorna e estribo, canal de ligação com o nariz (tuba auditiva, antigamente chamada de trompa de Eustáquio), e o osso mastoide.

- Ouvido interno: composto pelo labirinto e a cóclea (também chamado de "caracol" ou "nervo auditivo").

PROBLEMAS DO OUVIDO EXTERNO

Cera em excesso

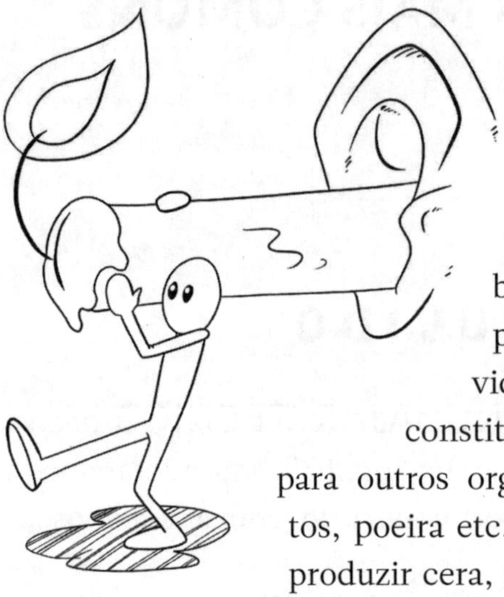

Como dissemos antes, a cera, ou cerume, é uma proteção fundamental, pois seu pH ácido não deixa as bactérias e fungos se proliferarem nos ouvidos. Além disso, ela constitui uma barreira física para outros organismos como insetos, poeira etc. Todo indivíduo deve produzir cera, e, se isso não ocorrer, pode haver sérias consequências para a saúde dos ouvidos. Porém, a produção excessiva de cera nos ouvidos pode incomodar muito.

Não há um consenso sobre o excesso de cera ser ou não uma doença. Contudo, o fato é que se trata de uma situação extremamente comum. Repito: cera não é sujeira. O acúmulo de cera não tem relação alguma com o tipo de trabalho da pessoa, com entrada de poeira ou poluição.

A descamação da pele, que é um processo que ocorre de dentro para fora, carrega a cera consigo, sendo que esse mecanismo de autolimpeza deve sempre funcionar. Caso não funcione adequadamente, então a cera se acumula.

O excesso de cera pode ocorrer em crianças ou adultos de qualquer idade e acometer os dois ouvidos ou apenas um. Curiosamente alguns pacientes têm sempre excesso de cera somente em um ouvido a vida toda. Difícil entender por quê e explicar... Muitas vezes, sua presença pode ocasionar alteração estética ou até mau odor, o que certamente gera constrangimento. Porém, mais do que isso, o grande volume de cera pode gerar consequências como bloqueio do canal auditivo com diminuição drástica e imediata da audição, tontura, zumbidos, predisposição a otite externa aguda ou crônica etc.

Muitas vezes, a cera sai sozinha, através do processo de autolimpeza que citei acima. Em outras, contudo, é preciso fazer o procedimento de retirada do excesso em consultório. O que não se recomenda jamais é utilizar hastes flexíveis de algodão (cotonetes) dentro dos ouvidos, o que pode piorar muito a situação. Reveja no capítulo "Cuidados" o que fazer para cuidar melhor dos seus ouvidos.

Otite externa aguda

Trata-se de uma inflamação ou infecção do ouvido externo. Pode ser dos seguintes tipos: inflamatória/alérgica, bacteriana, fúngica, traumática, maligna, pericondrite do pavilhão.

Otite externa aguda bacteriana

É uma infecção da pele do conduto auditivo causada por bactérias. Costuma ser um quadro extremamente doloroso e incomodativo. O paciente fica com a entrada do canal auditivo bem avermelhada, podendo ficar inclusive totalmente ocluída por inchaço. Nesse caso, a audição pode diminuir bastante. Pode ou não ocorrer secreção, em geral com pus. O simples toque leva a uma dor intensa, sendo muitas vezes insuportável.

Esse tipo de otite pode ser causado por algum trauma local que permitiu que as bactérias adentrassem à pele. Esse trauma pode ser uma simples coceira isolada ou até crônica. É muito frequente em quem pratica natação, sendo inclusive conhecida como "otite do nadador", devido ao fato de a pele estar sempre úmida e muitas vezes com a formação de pequenas fissuras. Em pacientes com descamação crônica devido à otite crônica, fissuras podem ocorrer devido ao ressecamento da pele.

A otite externa aguda bacteriana é bastante frequente no verão, e não necessariamente somente em quem faz natação, mas em especial crianças que ficam horas e horas na água da piscina ou praia. Já tentou explicar ao seu filho ou filha que ficar muito tempo dentro da água faz mal? Ela é comum também em quem tem cera em excesso e fez natação ou algum mergulho eventual. A água pode entrar no ouvido e ter dificuldade para sair, pela presença da cera. Represada, a água gera umedecimento exagerado da pele, podendo abrir portas para as bactérias.

A infecção pode ocorrer também em quem trabalha em ambientes ruidosos e necessita usar EPI (equipamento de proteção individual) como protetores auditivos, tanto os modelos de inserção quanto os tipo concha. A infecção pode vir do trauma da colocação do EPI, da umidade exagerada com o uso, até por transpiração, ou também por intolerância e/ou alergia ao produto do EPI.

Atendi incontáveis pacientes extremamente desesperados pela dor de ouvido, sendo que muitos interromperam suas viagens à praia, pegaram a estrada e vieram diretamente ao meu consultório. Shorts, chinelos, pés com areia e *muita* dor.

Furúnculo

É um tipo de otite externa causado por uma infeção do órgão pilossebáceo, ou pelo, em geral bem na parte externa do conduto auditivo, sendo visível de fora. É como se fosse uma espinha, mas com uma dor muito mais intensa e latejante. Geralmente não tampa a audição e raramente tem complicações. Porém, algumas vezes pode precisar de drenagem cirúrgica, o que alivia a dor imediatamente. Alguns pacientes têm recorrência desse quadro, sendo muito incomodativo.

Otite externa aguda fúngica

Geralmente ocasionada por conta da exposição frequente e por um longo tempo à água. Por isso, é mais comum em quem pratica natação ou quem fica por dias seguidos na piscina ou na praia, no verão. Pode ser um indício de imunossupressão (pacientes com sistema imunológico comprometido), causa muita coceira. Pode formar bolor nos ouvidos, que são as colônias de fungos que se proliferaram. O aspecto pode ser bem parecido com bolor de pão.

O quadro clínico é mais de coceira do que de dor. Pode também levar à diminuição da audição. Pode perdurar por muitos dias, uma vez que o paciente não tem dor, nem febre, e "vai levando". Mas cuidado: quando se complica, pode perfurar a membrana do tímpano e deixar sequelas definitivas!

Otite externa aguda traumática

É aquela que ocorre em caso de batida ou trauma, como em uma queda de bicicleta ou um acidente de carro, moto etc. Não podemos esquecer também os traumas com hastes de algodão ("cotonetes"), clips, lápis, unha, tapas, socos etc. Pode evoluir para otite externa aguda bacteriana, se não tratada adequadamente e logo no início do quadro. Causa dor e sangramento, e pode evoluir para a celulite de pavilhão auditivo, que é quando a inflamação se estende pela orelha como um todo.

Otite externa aguda maligna

Atinge, normalmente, indivíduos imunossuprimidos (com o sistema imunológico comprometido, ou seja, baixa imunidade), especialmente, pacientes diabéticos descompensados. Apesar de rara, é uma situação muito grave, que pode gerar consequências como dor de difícil controle, necrose de orelha, paralisia facial, meningite e abcesso cerebral, inclusive com risco de morte. São casos dramáticos e graves. Muitas vezes necessitam de internação, que pode ser prolongada; também, cirurgias para retirada de áreas com necrose, a fim de tentar impedir a progressão do quadro e piora da infecção.

Pericondrite do pavilhão

Essa doença acomete principalmente praticantes de artes marciais como jiu-jitsu e judô, bem como usuários de piercings e brincos. Consiste em uma inflamação do pericôndrio, que é o revestimento da cartilagem das orelhas. Pode gerar dores intensas e sua principal complicação é a formação de bolhas grandes de sangue. Em alguns casos, é preciso puncionar a região e aspirar o líquido decorrente da inflamação, procedimento que comumente precisa ser realizado repetidas vezes. Algumas vezes ainda é necessário deixar um dreno para manter a secreção saindo e não levando à recorrência das bolhas.

Ao longo do tempo, com a repetição desses quadros, isso pode gerar a "orelha em couve-flor", típica de lutadores de MMA. Infelizmente, esse quadro deformante ainda é visto como sinal de orgulho por praticantes desse esporte, mas que na verdade poderia ser evitado com o uso de protetores de orelha nos treinos e combates.

Otite externa crônica

São quadros prolongados e muitas vezes por anos e anos. A principal característica é a coceira constante e por vezes acompanhada de descamação. O paciente fica com um quadro parecido com caspa, ou seja, uma descamação branca, seca e que muitas vezes suja a roupa. Pode se manifestar como eczematosa, granulosa, orelha em couve-flor e até com a formação de colesteatoma de conduto.

Otite externa crônica eczematosa

É o quadro mais típico e mais comum. Caracteriza-se pelo quadro geral das otites externas crônicas, ou seja, coceira crônica e constante, e pela descamação da pele. É incômodo, mas não altera a audição e não dói, a não ser que o ato de coçar machuque a pele. Muitos pacientes queixam-se de anos de evolução.

É importante avaliar como é a pele da pessoa em geral, ou seja, se a pele do corpo todo tem tendência a ser seca. Também é bom avaliar os hábitos alimentares e o uso de produtos químicos constantemente nos cabelos ou pele.

Otite externa crônica granulosa

A otite externa crônica granulosa gera produção constante de secreção e mau odor, geralmente bem fétido. Recebe esse nome porque formam-se bolinhas vermelhas, chamadas grânulos, no canal auditivo ou na membrana do tímpano. É uma inflamação pouco significativa em termos de complicações definitivas, mas pode gerar pequena alteração na audição. Em geral tem quadros prolongados, que podem durar meses.

Orelha em couve-flor

Como citado acima, a orelha em couve-flor nada mais é que decorrência de pericondrites (inflamações do pericôndrio, pele que reveste e irriga a cartilagem) repetidas. Embora, para alguns lutadores de artes marciais, seja considerada um símbolo de status, a orelha de couve-flor, além de se caracterizar por uma alteração estética importante, pode estreitar a abertura do canal auditivo, aumentando a predisposição de cera, que obstrui o canal, e otites externas agudas. Tenho vários pacientes que ficam com quase um fechamento total do canal externo do ouvido, pela deformação da pele. Em alguns casos foi necessário fazer cirurgia para abrir o canal e evitar infecções agudas repetidas.

Colesteatoma de conduto

Trata-se de um tumor benigno, mas de comportamento maligno. Isso significa que o tumor em si é considerado pela análise da lâmina como benigno e não envia metástases para o corpo. Mas, como ele tem um comportamento imprevisível, pode invadir estruturas ao lado, como o cérebro, causando complicações que podem ser graves.

O colesteatoma de conduto não possui uma causa definida. Não é exatamente uma otite externa, mas coloco junto neste capítulo para mais fácil entendimento, pelos motivos a seguir. Ele se caracteriza por uma enorme descamação de pele acumulada, com secreção constante e, geralmente, de um lado só. Dentre as complicações, pode ocorrer a otite externa aguda, diminuição da audição, paralisia facial periférica e perfuração da membrana do tímpano.

O crescimento desse tumor benigno costuma ser muito lento, durando anos. Na maioria das vezes, a pessoa demora muito tempo para perceber os sintomas, e o diagnóstico é frequentemente confundido com excesso de cera.

PROBLEMAS DO OUVIDO MÉDIO

Otite média aguda

A otite média aguda é uma inflamação ou infecção do ouvido médio. Lembrando que o ouvido médio compreende a porção interna da membrana do tímpano, ossículos, mastoide e tuba auditiva. É extremamente comum nos primeiros anos de vida, chegando a acometer cerca de 90% das crianças com até três anos de idade. O quadro clínico se caracteriza por dores de ouvido (que podem ser muito intensas), febre, irritabilidade, vômitos ou diarreia (em bebês pequenos), e a audição diminui bastante.

Uma questão muito comum: nossas vovós costumavam dizer que, se apertar um pouco a orelha do bebê e ele chorar, é sinal de infecção no ouvido. Isso, na massiva maioria das vezes, não é verdade, pois só ocorre no caso de uma otite externa, e não otite média. Se houver a perfuração da membrana do tímpano, pode ocorrer vazamento de pus. Pode ser viral ou bacteriana e é muito comum suceder um resfriado comum ou gripe. A membrana do tímpano fica bem vermelha e o diagnóstico é feito com um simples exame no próprio consultório, pois geralmente a visualização da membrana do tímpano é fácil.

Otite média aguda recorrente/otite serosa

Essa é a otite que se repete várias vezes durante o ano, sendo que a característica principal é que, entre uma crise e outra, a avaliação dos ouvidos é normal ou existe a presença de catarro nos ouvidos (então chamada de "otite serosa" ou "otite secretora"). Geralmente, a otite média aguda recorrente decorre de um problema parcial da tuba auditiva. Acomete de forma mais intensa crianças com baixa imunidade e que sofrem de infecção de vias áreas superiores (IVAS) de repetição, bem como portadores de hipertrofia da adenoide. Mamar deitado é um fator gerador desse tipo de otite, uma vez que o leite pode escorrer para dentro do ouvido. Muitas mães acabam dando o peito de madrugada deitadas junto dos bebês e isso acaba sendo um fator causal extremamente comum. Bebês que sofrem de refluxo também costumam ter o problema, bem como crianças que vão muito novas para a creche, pois o organismo ainda não tem todas as defesas necessárias. Crises frequentes de rinite alérgica completam o rol de fatores desencadeantes de otite média aguda recorrente, entre outros.

Otite crônica supurativa

O termo significa um problema constante e prolongado do ouvido e geralmente corresponde a uma perfuração da membrana do tímpano. A otite crônica pode ser apenas uma perfuração da membrana, sem vazamento constante de pus, mas, no caso da supurativa, isso ocorre constantemente. Em geral, a mastoide (prolongamento posterior do ouvido médio) está comprometida e tomada por infecção. O quadro clínico é de audição diminuída, secreção constante de pus, muitas vezes com mau odor. O paciente fica muito incomodado, inclusive socialmente. Geralmente não dá dor nenhuma. Quando o pus é acompanhado de sangramento, isso gera muita preocupação da pessoa. O diagnóstico é feito com o exame clínico, mas os exames complementares geralmente ajudam muito. Estes são a avaliação auditiva com audiometria, tomografia dos ouvidos e eventualmente a ressonância nuclear magnética.

Otite crônica com colesteatoma

O colesteatoma, como dissemos acima no tópico "Colesteatoma de conduto", é um tumor benigno, ou seja, não é câncer. Mas é uma das situações mais graves que podem acometer o ouvido, gerando uma destruição que pode ser praticamente total de todo o ouvido com a doença. Ele pode ser congênito, ou seja, presente já no nascimento. Ou também pode ser adquirido como complicação de uma otite crônica com perfuração da membrana do tímpano ou decorrente de problemas na tuba auditiva. Naturalmente, como é um tumor, a sua origem exata não é conhecida.

O crescimento do colesteatoma frequentemente é muito lento e leva anos e anos para gerar complicações graves. Essas complicações são a diminuição da audição, corrosão dos ossículos do ouvido, vazamento de pus com péssimo odor (chamamos na Otorrinolaringologia como um odor de "ninho de rato"), dores de cabeça e incômodo intenso. Sua frequência felizmente é pequena na população geral e tem diminuído muito ao longo dos últimos anos devido ao tratamento precoce das infecções. As complicações podem ser extremamente graves, como a invasão do sistema nervoso central com meningite, abscesso cerebral, trombose de veias centrais e risco de morte. Também, as complicações auditivas podem ser graves com tonturas persistentes e incapacitantes, além de zumbidos intensos.

Paralisia facial periférica

Você deve estar se perguntando por que esse tema está no capítulo de ouvido e, mais ainda, por que em Otorrinolaringologia, e não na Neurologia.

O motivo é que o nervo facial passa dentro do ouvido, e a grande maioria das alterações dele é decorrente de inflamações neste local. O nervo facial sai do cérebro e é responsável por sentirmos o sabor na porção anterior da língua, pela secreção da lágrima e pela movimentação da musculatura da face. Portanto, em uma paralisia, podem ocorrer alterações no paladar, diminuição ou ausência do lacrimejamento e paralisia ou diminuição da movimentação dos músculos da face. Dá para ter ideia da gravidade desse quadro, certo?

As causas para a paralisação do nervo são várias, desde uma virose específica, como pelo vírus herpes-zóster, outros vírus, infecções bacterianas do ouvido, traumas no crânio, tumores etc., ou pode até não ter causa definida, quando então chamamos de “paralisia de Bell”.

O diagnóstico imediato é fundamental para o tratamento e a melhora na recuperação do paciente. Isso pode ser feito durante uma consulta ou com exames complementares também. O tratamento pode incluir muitos remédios e alguns bastante importantes, como corticoides ou antivirais. O essencial é seguir o tratamento médico específico de cada caso, mas estas são as minhas recomendações em linhas gerais:

- Muito cuidado com a secura dos olhos devido à diminuição do lacrimejamento. Use colírios de lágrima artificial e pomadas oftálmicas à noite. Nessa questão, muitos pacientes perguntam como se usa uma pomada oftálmica. Oriento que segurem a pálpebra inferior forçando-a para baixo, apliquem uma boa quantidade de pomada, fechem o olho, massageiem levemente e não abram o olho. Se você acordar de noite e abri-lo, feche-o com as mãos, mesmo que ache que ele fecha sozinho. O perigo do ressecamento é levar a uma úlcera de córnea com consequências catastróficas.
- Faça muitas caretas. Force o funcionamento do nervo, mesmo que ele esteja paralisado, pois algumas fibras podem estar funcionando e a movimentação da musculatura da face evita ou diminui o risco de flacidez muscular. Faça as caretas aleatoriamente; force bastante para fazer todos os tipos de movimentos e em todas as direções.
- Massageie o rosto muitas vezes.
- Faça fisioterapia, a critério médico específico (geralmente eu recomendo).
- Oriento meu paciente a filmar o seu rosto, movimentando primeiramente somente a testa (levantando-a repetidamente), fechando bem forçadamente os olhos, falando a letra "i" prolongadamente

e falando a letra "u" prolongadamente também. Isso faz com que haja um registro da movimentação e dá parâmetros para que o médico e o paciente acompanhem a evolução.

Em todos os casos de paralisia facial periférica existe uma ansiedade imensa quanto a se o paciente vai ou não se recuperar totalmente. A resposta quando sou questionado é sempre "depende". A grande maioria dos casos se recupera totalmente, mas costuma demorar muito, sendo que alguns casos levam cerca de seis meses para recuperação completa. Infelizmente alguns casos ficam com sequelas e isso é bastante ruim. O mais importante é acompanhar de perto com seu médico e seguir todas as orientações à risca.

PROBLEMAS DO OUVIDO INTERNO

Labirintite

A labirintite refere-se a um conjunto de sintomas e sinais que refletem um problema no labirinto, órgão do ouvido interno. O termo é genérico, assim como problema no coração, dor de cabeça etc., ou seja, não se refere a uma doença especificamente, mas sim a um sintoma que tem diversas causas e origens. Afeta crianças, adultos e idosos, atualmente sendo mais comum em pessoas com idade entre 20 e 40 anos e acima dos 65 anos. Também pode ser chamada de doença vestibular ("sistema vestibular" é sinônimo de "labirinto").

A labirintite gera tonturas, que podem ser de desequilíbrio ou giratórias. No caso do desequilíbrio, a pessoa sente uma instabilidade para ficar em pé e para andar. Muitas vezes existe a sensação de queda para um lado. Outras vezes a pessoa segue uma tendência de andar para um lado, em geral “fechando” quem anda ao seu lado, ou tem uma sensação de andar flutuando ou “em nuvens”. No caso da tontura giratória (o pior tipo, certamente), o paciente sente tudo girar ou que ele está girando em relação ao ambiente. É uma situação dramática e com extremo desconforto e insegurança.

Frequentemente, as crises podem ser acompanhadas de náuseas e vômitos, taquicardia, zumbidos nos ouvidos, diminuição da audição (às vezes com sensação de que se está descendo a serra) e muita ansiedade e desespero. Alguns pacientes têm quedas, que podem gerar fraturas ou complicações graves. As crianças pequenas podem torcer o pescoço para trás e manter-se assim muito tempo. As crises podem permanecer dias ou até semanas, levando a pessoa a ficar dependente de familiares e/ou amigos. Alguns pacientes têm a labirintite constantemente e por tempo prolongado, não evoluindo em crises, configurando um quadro crônico.

Quando é feito o diagnóstico de labirintite, isso pode gerar muita ansiedade e insegurança no paciente, o que, por sua vez, pode levar a um quadro depressivo, principalmente em idosos, por conta do medo de sair de casa e da dependência de terceiros.

Diversas são as causas de labirintite. Dentre elas, destacam-se: estresse (a principal causa entre os jovens), diabetes, distúrbios do metabolismo da glicose, aumento da pressão dos líquidos internos do labirinto, problemas de tireoide, alterações do colesterol, pós-infecção viral, doença degenerativa do labirinto, doença vascular dos microvasos, doenças neurológicas, tumores, efeitos colaterais de medicamentos, pós-trauma de crânio etc.

Zumbidos

Bem, agora vamos tratar de um dos assuntos mais complicados da Medicina como um todo. Poucas situações são tão horríveis e desesperadoras como os zumbidos. E milhões e milhões de pessoas em todo mundo sofrem de zumbidos crônicos.

Mas, enfim, o que é o zumbido?

Zumbido é uma sensação sonora de um som que não existe e não foi gerado no meio ambiente. A pessoa ouve o som e tem certeza disso, mas o som não veio de fora, e sim foi gerado dentro do próprio corpo. Algumas vezes a pessoa sente o zumbido em um ouvido ou outro, mas muitas vezes o zumbido é "na cabeça", como vários pacientes definem.

Existem vários tipos de som de zumbido, sendo que na literatura são definidos mais de duzentos tipos: apito, cigarra, motor ligado, pulsátil, mais agudo ou mais grave, como uma borboleta etc. Muitas vezes também o paciente tem dificuldade até para definir como é seu zumbido, de tão subjetivo que é. Geralmente, ele está atordoado. Muito atordoado. Se o zumbido for 24 horas por dia, como você acha que ele se sente? E não existe medida para isso. Não há forma de mensuração objetiva, sendo que existe apenas o relato do paciente. Isso dificulta sobremaneira o diagnóstico e acompanhamento. O próprio paciente tem dificuldade de definir se melhorou ou não com o tratamento.

O zumbido é causa frequente de ansiedade extrema e insônia. Pode levar a mau relacionamento familiar e social. Pode incapacitar a pessoa. Infelizmente, há relatos de diversos casos de suicídio por motivo exclusivo do zumbido. Mas o médico pode ajudar muito, tanto no diagnóstico quanto no tratamento.

NUNCA acredite que zumbido não tem cura! A cura existe em alguns casos, mas a melhora e o controle existem também na maioria dos outros. Realmente, não posso omitir que alguns casos não respondem a nenhum tratamento, mas existem sim diversas formas de contornar inclusive essa situação. A ciência evolui e os tratamentos medicamentosos e não medicamentosos são bastante esperançosos. Terapias fonoaudiológicas são bastante eficazes. Enfim, zumbido tem sim tratamento! Nunca desista do seu tratamento!

PERDAS AUDITIVAS E APARELHOS

A raiva do surdo

"Ah, ele é surdo como uma porta!". Certamente você já ouviu essa expressão. Talvez até tenha achado graça. Mas ela é apenas mais uma manifestação clara do estigma que o deficiente auditivo carrega devido à sua condição. Surdez é um assunto delicado e que envolve inúmeros preconceitos. Por isso, este capítulo se diferencia dos demais, por não se ater a aspectos técnicos e médicos da surdez, mas, sim, propor uma reflexão sobre o tema.

Uma questão que observo nas ruas é a intolerância e até certa raiva da população em relação ao surdo. Há tempos me pergunto os motivos para tamanha falta de paciência e me vêm à mente algumas possíveis causas: o surdo aparentemente não tem deficiência alguma, já que as outras deficiências "aparecem" mais; ninguém gosta de ficar repetindo o que falou; muitas vezes, a pessoa acha que o surdo está fazendo o interlocutor de bobo, ou que quem não escuta é

bobo (sim, isso acontece!); o surdo confunde as palavras, e isso gera irritação e até risadas (quem nunca chamou um amigo de "velha surda", em referência ao personagem do programa de TV *A Praça é Nossa*?), e, por fim, o próprio surdo geralmente não aceita que não ouve bem.

Essas são apenas algumas das constatações que me levam a considerar a discriminação com o deficiente auditivo como um tópico cercado de questões sociais e culturais. Que bom que o crescente debate sobre a diversidade e a aceitação do "diferente" tem lançado luz sobre o tema. Até a presença de intérpretes de Libras (a Língua Brasileira de Sinais) em diversos programas de televisão tem chamado atenção à situação.

Feito esse preâmbulo, é importante reforçar que o uso do aparelho auditivo deve ser visto como um privilégio, e não uma vergonha. Os aparelhos são caros, mas não são item de luxo, e sim de necessidade. Ninguém (espera-se, ao menos!) tem vergonha de usar óculos, que também compensam uma deficiência. Por que então o constrangimento ao ter aparelhos auditivos? Deve-se aceitar o surdo como um deficiente e ajudá-lo a lidar com essa deficiência, estimulando-o e contribuindo para sua inclusão social.

NARIZ

As doenças do nariz estão entre os problemas de saúde mais comuns no mundo todo. Podem ser estruturais ou funcionais. Essa divisão não está presente na literatura médica. Porém, eu as separo dessa forma pois facilita muito para explicar ao paciente o que acontece com ele, além de ser um fluxo que entendo como lógico para o raciocínio clínico. Entendo que, antes de tratar uma questão funcional, é preciso saber se o indivíduo tem ou não um problema estrutural. Primeiro a anatomia, depois o funcionamento. Isso assegura o correto diagnóstico e aumenta a chance de sucesso do tratamento.

Um exemplo prático: pacientes que respiram pela boca (doença funcional) podem ter a adenoide aumentada (doença estrutural). Então, não surte efeito nenhum tratar a consequência sem tratar a causa. Esse exemplo é simples, mas extremamente comum e gerador de muitos problemas aos pacientes. Muitos respiradores bucais são tratados diretamente, por exemplo, com longos tratamentos fonoaudiológicos, sem que haja uma avaliação otorrinolaringológica prévia. Muitas vezes a atuação do fonoaudiólogo pode durar anos sem gerar resultados positivos para o paciente.

DOENÇAS ESTRUTURAIS DO NARIZ

Desvio do septo nasal

O septo, do latim *septum* (parede), é a parede que divide as duas fossas nasais. É constituído por osso e cartilagem. O desvio de septo consiste em uma tortuosidade do septo. É extremamente comum na população geral. Na verdade, é raro encontrar um paciente que não tenha desvio de septo. Obviamente a presença do desvio em si não configura imediatamente uma doença, pois a maioria das pessoas que tem desvios não tem sintomas associados, sendo apenas um achado sem significância clínica.

O desvio de septo pode ser interno e não visível, ou externo com alteração estética (nariz torto, por exemplo). Um paciente pode apresentar apenas um deles ou ainda ambos os desvios, interno e externo. Muitos pacientes têm desvio externo, ou seja, facilmente visível por fora. Trata-se de um desvio estético, que pode ser decorrente de um trauma ou do próprio desenvolvimento e crescimento do nariz. Isso nem sempre tem repercussão respiratória e a pessoa vive muito bem.

Entretanto, chamo a atenção que é extremamente comum pacientes que têm desvios de septo sem sintomas e que realizam cirurgias estéticas nasais sem avaliação prévia do otorrinolaringologista. Muitos desses pacientes que não tinham sintomas respiratórios passam a tê-los depois da cirurgia puramente estética. O motivo é que um desvio que antes não era significativo naquele nariz, após a redução do tamanho do nariz, passa a ser importante. Na cavidade grande prévia à cirurgia ele não se mostrava um problema funcional, mas na cavidade pequena pós-cirúrgica passa então a ser patológico.

Não podemos esquecer que, sempre que existe um problema de passagem de ar, existe também um problema de drenagem das secreções. Portanto, esses pacientes podem desenvolver sinusites crônicas. Daí a extrema importância de avaliar o nariz com o otorrinolaringologista para todas e quaisquer cirurgias de nariz. Nunca opere o nariz sem que um otorrinolaringologista avalie antes!

No caso dos desvios internos sem aparência externa, estes muitas vezes passam despercebidos pelas pessoas. Geralmente os desvios de septo são próprios do crescimento e, portanto, são de desenvolvimento muito lento. Para facilitar o entendimento eu digo que o septo cresceu mais que o nariz. Ou seja, o comprimento linear do septo é maior que o comprimento do nariz, portanto ele dobra. Imagine uma sala com um teto de 2,7 metros de altura, e você vai construir uma parede com 3,5 m de comprimento linear. Essa parede não cabe reta e, portanto, dobra, às vezes para um lado só e outras vezes para ambos os lados. Assim ocorre com o nariz com septo desviado. Outra situação problemática é quando o septo torto toca a parede lateral do nariz. Isso pode levar a dores de cabeça constantes.

Quando o septo desvia, ele toma lugar da passagem de ar e, como eu disse acima, também das drenagens de secreções. Muitas pessoas não têm a menor noção de que o nariz e os seios da face produzem diariamente cerca de um litro de secreções normais! São secreções que limpam constantemente o nariz e são deglutidas sem ao menos serem percebidas pelas pessoas. Mas esse equilíbrio dinâmico deve funcionar corretamente o tempo todo, e um desvio de septo vai prejudicar a drenagem das secreções.

Eu explico isso ao paciente com uma comparação: é como uma avenida reta, onde os carros andam livremente. Ao se deparar com uma curva, todos diminuem a velocidade. E, se o fluxo de carros é grande, uma hora na curva haverá um congestionamento. Assim ocorre com as secreções nasais: se houver um congestionamento, estas podem favorecer o crescimento de bactérias ou vírus, bem como favorecer a instalação de uma sinusite aguda ou até, em casos prolongados, a sinusite crônica.

O nariz deve funcionar bem 24 horas por dia. O seu mau funcionamento pode levar a muitos sintomas, como nariz entupido (pode ser sempre de um lado ou alternante, ora de um lado, ora do outro), voz anasalada, falta de ar, piora dos sintomas alérgicos (especialmente da rinite alérgica), desconforto ao dormir e praticar exercícios físicos, roncos etc. Se eu pudesse deixar somente uma mensagem a você sobre o nariz, eu diria "respire confortavelmente pelo nariz 24 horas por dia"!

Aumento das conchas nasais ou hipertrofia de cornetos

As conchas nasais são os tecidos internos do nariz ("carnes") e estendem-se desde a ponta até o fundo do nariz, terminando praticamente na garganta. Elas também podem receber o nome de cornetos nasais ou turbinas nasais, têm uma parte óssea e revestimento de mucosa.

As conchas nasais são responsáveis pela maioria das funções do nariz, pois aumentam e diminuem constantemente devido ao sangue, que as faz inchar e diminuir. Esse processo de aumentar e diminuir pode se repetir com muito mais frequência nos pacientes alérgicos. Acontece que, de tanto se repetir o processo, vão surgindo cicatrizes internas (fibroses), e ocorre o engrossamento e aumento do tamanho dessas conchas. Esses tecidos então não fazem mais a função normal, porém ocupam espaço dentro do nariz, levando ao entupimento e problemas na drenagem das secreções. Isso é extremamente comum em pacientes com rinite alérgica grave.

Quando há desvio de septo para um lado, normalmente a concha nasal do outro lado aumenta para ocupar o espaço resultado do desvio, contribuindo para obstruir o nariz. Por isso, a maioria dos pacientes com desvio de septo também tem alteração da concha nasal. Entretanto, há, também, pacientes que só apresentam o aumento das conchas.

Hipertrofia de adenoide

A adenoide ou as adenoides são tecidos normais que ficam na região localizada ao fundo e na parte de trás do nariz, atrás e acima da úvula (a "campainha" ou "sininho" da garganta). O crescimento das adenoides é o que chamamos popularmente de "carne esponjosa". O aumento dessa carne esponjosa é, junto do desvio de septo, um dos principais problemas de nariz a acometer pacientes no mundo inteiro.

A adenoide é um filtro do nariz. Todo ar que entra pelo nariz passa pela adenoide antes de entrar nos pulmões. Mas algumas pessoas têm um crescimento exagerado e desproporcional da adenoide. Nessa situação, um tecido que deveria ser normal passa a ser anormal, então surgem muitos sintomas. Portanto, o que chamamos popularmente de "carne esponjosa" é o crescimento e aumento anormal da adenoide.

Isso pode acontecer em crianças bem pequenas e até em adultos. Antigamente acreditava-se que a adenoide crescia em crianças e desaparecia depois dos dezoito anos, sendo que adultos nunca teriam adenoide. Hoje, com o advento da nasofibroscopia, esse conceito caiu por terra. Examinamos e vemos muitos adultos com adenoide crescida, muitos deles até com mais de trinta anos de idade. Está aí mais um motivo de examinar corretamente e detalhadamente todos os pacientes com queixas nasais.

Os sintomas principais do aumento ou hipertrofia das adenoides são nariz entupido constantemente, respiração bucal constante, roncos ao dormir ou até apneia do sono, babar no travesseiro, acordar com a boca muito seca, dentes ressecados e garganta ressecada também, diminuição do olfato e paladar com falta de apetite, pálpebras caídas, olheiras, lábio superior encurtado etc. Também existem as inúmeras consequências diurnas, como sonolência e dificuldade para concentração. Algumas crianças demostram o contrário, ou seja, hiperatividade.

Outra situação muito comum é a adenoide tampar os orifícios das tubas auditivas e levar a uma otite secretora persistente ou otites médias agudas de repetição. Como o sono é muito agitado, frequentemente existe sua fragmentação. Sabemos que o hormônio do crescimento (GH) é liberado nas fases profundas do sono, portanto essa fragmentação pode levar inclusive a problemas no crescimento.

É muito comum, também, praticamente em situações do dia a dia, os pacientes desenvolverem alterações ortodônticas e alterações craniofaciais. Os dentes ficam "encavalados" e o céu da boca fica muito alto (chamamos de "palato ogival"). Sem contar com a dificuldade de drenagem de secreções, o que leva a sinusites de repetição, resfriados/gripes com complicações constantes etc. Muito comumente o otorrinolaringologista já detecta um paciente com aumento das adenoides imediatamente ao adentrar à sala do consultório.

Bem, já deu para ver como o aumento da adenoide pode ser grave e incomodativo. Muitos pacientes necessitam de tratamento, mas muitos não têm prognóstico positivo nenhum com tratamento clínico. Não há limite de idade para correção da hipertrofia de adenoide, sendo possível operar tanto crianças bem pequenas quanto adultos. Se o aumento de adenoide for corrigido antes dos quatro anos de idade, há uma chance grande de que a criança corrija sozinha as alterações ortodônticas e toda cascata de problemas craniofaciais resultantes dessa situação.

Se existir a indicação cirúrgica, a recomendação, dessa forma, é que a cirurgia seja realizada o mais cedo possível. Afinal, muitas vezes o aumento de adenoide pode ter sequelas definitivas. Isso sem contar o prejuízo à qualidade de vida, como visto nas alterações já citadas. Também caiu terra abaixo a crença de que se deve esperar até três ou quatro anos para operar ou "esperar o crescimento, que a adenoide vai regredir...".

Pólipos nasais

Um pólipo consiste em um crescimento de tecido anormal dentro do nariz, um tumor benigno. Diferente do desvio de septo ou aumento das conchas nasais ou adenoide (que são tecidos normais), os quais podem aumentar, o pólipo é o surgimento e crescimento de um tecido anormal e que, portanto, não deveria existir nunca dentro do nariz. É um problema sério, pois pode atingir grandes dimensões e se expandir tanto para toda a fossa nasal quanto para os seios da face.

Os pólipos nasais, geralmente, crescem lenta e progressivamente, gerando obstrução nasal, sangramento, secreção esverdeada ou amarelada constantemente e alteração da voz. Podem ter complicações graves, pois podem penetrar nos olhos ou no cérebro, devido à proximidade local. Sem contar que podem sair para fora do nariz, ficando expostos.

O pólipo nasal deve ser avaliado sempre e na grande maioria das vezes ser extraído cirurgicamente. O procedimento geralmente é bastante complexo, pois compreende encontrar suas raízes dentro de toda cavidade nasal ou seios da face. Muitas vezes a inserção está a frações de milímetros da base do crânio ou olhos, o que torna a cirurgia de alta complexidade e riscos.

Imperfuração coanal

As coanas são regiões circulares/ovaladas que se localizam no fundo do nariz, correspondendo às narinas, que ficam na frente. São, portanto, a abertura posterior do nariz para a garganta. Alguns bebês nascem com uma ou duas conas totalmente tampadas, daí o nome de imperfuração coanal.

Trata-se de uma situação muito grave, em especial a imperfuração coanal bilateral, pois o bebê ainda não sabe respirar pela boca e, sem os orifícios naturais das coanas, também não consegue respirar pelo nariz. Caso não ocorra a detecção do problema no momento do parto, o bebê pode morrer em poucos minutos. Daí a obrigatoriedade, nas salas de parto, de passar uma sonda em ambas as narinas tão logo o bebê nasça. Se houver imperfuração coanal bilateral, é provável que seja necessário entubar a criança ou realizar traqueostomia, até que ela cresça, estabilize-se um pouco e apresente as condições necessárias para a cirurgia.

Há casos de pacientes que têm imperfuração coanal unilateral e convivem com o problema por muitos anos, até procurar tratamento médico. Invariavelmente, é necessário operar, com uma ressecção ampla da região, para que não se feche novamente no pós-operatório.

Tumores

Os tumores de nariz podem ser benignos ou malignos. A maioria dos tumores benignos é denominada "pólipo", conforme descrevemos acima, mas também há outras manifestações benignas, como por exemplo "verrugas" no septo. Mesmo sendo benignos, os tumores podem gerar muitas complicações, como entupir a respiração, sangramentos, crostas nasais persistentes etc.

O tumor maligno de nariz é um câncer que pode acometer qualquer região do órgão, desde o septo nasal, conchas, seios da face, até a rinofaringe, região onde fica a adenoide, atrás das coanas. É um problema bastante sério e que pode ter consequências gravíssimas, inclusive com risco de morte. Contribui negativamente o fato de que, muitas vezes, os tumores se instalam e crescem, mas o paciente nada sente. Então, quando é feito o diagnóstico, o tumor já se encontra enraizado e muito grande.

O tratamento costuma compreender cirurgia com ressecção, radioterapia e quimioterapia. São situações dramáticas e que requerem muita atenção do médico e de toda equipe multidisciplinar. Podem ocorrer em quaisquer idades.

Abcesso no vestíbulo nasal, ou espinha dentro do nariz

Os abcessos no vestíbulo nasal são como espinhas dentro da asa do nariz. Ocorrem, por exemplo, devido à infecção de um pelo ou após arrancar ou cortar pelos do nariz com a tesoura e ferir o local. São desconfortáveis e doloridos e podem gerar entupimento do nariz. A orientação é procurar um especialista para que faça imediatamente o tratamento clínico ou até a drenagem por uma pequena cirurgia.

Não se deve espremer espinhas no nariz. A região triangular entre as duas sobrancelhas e a ponta do nariz contém uma drenagem venosa que passa pelo cérebro. Por isso, espremer espinhas nessa área pode gerar problemas sérios, como meningite, por exemplo.

DOENÇAS FUNCIONAIS DO NARIZ

Nunca é demais lembrar que, ao avaliar uma doença funcional, é importante verificar se ela não é causada ou piorada por uma alteração estrutural ou anatômica. Insisto muito nesse tema, pois é absolutamente o dia a dia do otorrinolaringologista.

Resfriado comum

O resfriado é a doença funcional mais comum do nariz. É causado por vírus, mais comumente pelo rinovírus ou pelo vírus sincicial respiratório. Não é grave e raramente tem complicação. Caracteriza-se por um quadro mais leve e localizado, diferentemente da gripe. Abaixo você verá um quadro com os sintomas mais comuns.

Gripe

Outra doença do nariz bastante frequente, causada, geralmente, por um vírus chamado *Influenza*. O subtipo mais conhecido e falado atualmente tem sido o subgrupo H1N1, da gripe suína, mas existem também os subtipos A, B e C. O subtipo A é o que sofre mais variações genéticas.

O quadro da gripe atinge todo o corpo. A doença pode ser grave, principalmente em crianças com até 2 anos de idade e adultos com mais de 65 anos. Dentre as complicações, pode gerar sinusite, asma, laringite e até mesmo pneumonia. A pneumonia é a complicação mais temida, pois pode levar a risco de morte, especialmente em crianças pequenas, idosos e também nos imunossuprimidos.

Mais abaixo, veja o quadro comparativo com os sintomas de gripe, resfriado e rinite alérgica.

Rinite alérgica

Agora sim vamos falar de uma situação extremamente comum e altamente incomodativa. Afinal de contas, eu tenho certeza de que, se você não tem rinite alérgica, certamente conhece alguém que tem.

A rinite alérgica é uma doença de prevalência muito alta e pode ocorrer devido a fatores genéticos e hereditariedade: a probabilidade de a pessoa ter rinite alérgica é de cerca de 15% se nenhum dos pais tiver, 50% se um deles tiver e 75% se ambos tiverem.

Alergia no nariz. É isso que reflete a rinite alérgica. Mas o que é alergia de modo geral? Alergia é quase que sinônimo de hipersensibilidade a estímulos externos. Ou seja, hipersensibilidade significa um aumento das reações do corpo a alguma coisa. Chamamos essa coisa de "alérgeno", ou seja, a substância geradora e desencadeadora das reações da alergia. Esses alérgenos são os estímulos externos que citei. Ou seja, os alérgenos causadores dos sintomas e sinais da rinite alérgica são externos, vêm de fora do corpo.

São mais comumente ácaros (presentes na umidade, no mofo e pó doméstico, em bichos de pelúcia), esporos de fungos, cigarro, pólen, pelos de cachorro e gato, baratas, odores fortes (perfumes, produtos de beleza, produtos de limpeza), poluição atmosférica (carros, indústrias, queimadas, no campo), ar condicionado, mudanças climáticas e/ou de temperatura ambiental, fatores decorrentes do trabalho (limalha de ferro, serragem, gasolina, solventes, tecelagem, pó de giz, tintas e vernizes) etc. Esses alérgenos estão fora do corpo e, quando entram no corpo, geram as reações. A rigor as reações da rinite alérgica são uma exacerbação das reações normais. Um exagero. Uma explosão de reações químicas que deveriam na verdade ser proporcionalmente muitíssimo menores.

Dando um exemplo que eu uso muito: se entrar um pequeno inseto no nariz, qual deve ser a reação normal do corpo para nossa proteção? Primeiro *espirrar*, para eliminar o bicho. Produzir um pouco mais de *coriza* que o normal, para limpar resíduos dele. *Levar a mão imediatamente ao nariz*, para tentar eliminá-lo, e por fim *entupir* o nariz, para que o inseto não entre mais e mais.

Mas, em vez de fazer tudo isso proporcionalmente ao estímulo externo, o que o nariz faz? Para um simples e pequeno grão de poeira, o nariz:

- gera crises intensas e repetidas de espirros, podendo espirrar dez ou mais vezes seguidas e permanecer com crises o dia todo.
- produz coriza intensa e persistente: o nariz escorre o tempo todo, o dia todo.
- apresenta coceira, levando a mão constantemente ao nariz e gerando um trauma grande. Algumas pessoas coçam tanto o nariz que ficam com uma marca horizontal nele.
- entope o tempo todo, especialmente de noite, levando a um desconforto intenso.

Então, daí dá para se entender que a rinite alérgica é uma reação desproporcional aumentada ao estímulo externo. Não haveria necessidade de tanta reação a um simples grão de poeira, mas o corpo reage demais.

Naturalmente os pacientes têm diferentes reações aos diferentes estímulos. Alguns reagem mais à poeira, outros ao cigarro. Alguns não têm sensibilidade ao ar condicionado, mas não podem chegar perto de alguém com perfume forte. No entanto, geralmente os pacientes são hipersensíveis a diversos estímulos ao mesmo tempo. Raramente o paciente tem rinite alérgica desencadeada somente a um tipo de estímulo.

E dentro do nariz, o que ocorre? A hiper-reação acontece porque existe uma liberação exagerada de uma substância chamada histamina, a qual causa os sintomas. Por esse motivo, os antialérgicos mais comuns são os anti-histamínicos.

Ainda existe uma dúvida na Medicina se a rinite alérgica é uma doença ou uma hipersensibilidade. Isso ocorre porque, se o paciente não tiver contato com estímulo externo nenhum, sabe o que ocorre com ele? Nada. Ou seja, se o paciente ficar sem os fatores desencadeantes, ele é uma pessoa totalmente normal. Imagine uma pessoa com alergia a picada de insetos. Se ela não for picada por nenhum inseto, ela é considerada doente?

Por ser uma questão genética e de descrição no DNA da pessoa, a rinite alérgica não tem cura e é sempre crônica, podendo ter crises de agudização. Pode-se tomar medidas preventivas e controlar o quadro, para conviver melhor com a doença. O incômodo gerado pela rinite alérgica por si só já é demais, mas para piorar a situação existem as complicações dela. Dentre as complicações da rinite alérgica, destacam-se a sinusite aguda/crônica, desconfortos sociais pela coriza e espirros constantes, voz anasalada, gripes e resfriados prolongados etc.

Diferenças entre resfriado, gripe e rinite alérgica

		GRIPE	RESFRIADO	RINITE ALÉRGICA
CAUSA		Vírus *Influenza*	Vírus *Rhinovirus* ou vírus sincicial respiratório	Alergia do corpo e não é relacionada a nenhum agente infeccioso
FORMA DE CONTÁGIO		Secreções respiratórias	Secreções respiratórias	Não é contagiosa
DURAÇÃO		Até 1 semana	3 a 4 dias	Em crises ou perene
SINTOMAS		Febre alta	Geralmente s/febre	Ausente
		Calafrios	Ausentes	Ausentes
		Dores no corpo	Ausentes	Ausentes
		Mal-estar geral	Ausente	Ausente
		Dores musculares	Ausentes	Ausentes
		Fraqueza	Ausente	Ausente
		Cansaço	Muito leve	Ausente
		Tosse c/ secreção	Tosse seca	Ausente
		Dor de garganta	Dor de garganta	Ausente
		Nariz entupido	Nariz entupido	Nariz entupido
		Coriza amarelada	Coriza clara abundante	Coriza clara
		Espirros	Espirros	Espirros em salvas
		Coceira no nariz	Ausente	Coceira, com linha nasal
		Olhos vermelhos	Ausente	Pode ter olhos vermelhos
		Rouquidão	Ausente	Ausente
		Dores de ouvidos	Possíveis dores de ouvidos leves	Ausentes
		Dor de cabeça	Dor de cabeça leve	Ausente
		Diarreia	Ausente	Ausente
		Vômitos	Ausentes	Ausentes
		Desidratação	Ausente	Ausente
COMPLICAÇÕES	**SINUSITE**	Comum	Raramente	Comum
	CRISE DE ASMA	Comum	Raramente	Pode ocorrer
	LARINGITE	Comum	Pode ocorrer	Pode ocorrer
	PNEUMONIA	Raramente	Raramente	Raramente

Rinite vasomotora

A rinite vasomotora ocorre quando há alterações anormais no movimento dos vasos sanguíneos que ficam dentro dos cornetos nasais, levando a um sério problema respiratório. Quando os vasos dilatam sem controle nenhum, essa dilatação leva a um aumento dos cornetos nasais. Esse aumento de volume dos cornetos leva a um entupimento no nariz, que pode ser muito prolongado.

Não se trata de uma reação alérgica em si, mas de uma alteração no funcionamento dos vasos sanguíneos. O correto diagnóstico é fundamental para o tratamento direcionado. Existem tratamentos clínicos, mas por vezes o tratamento é cirúrgico, pois medicamentos podem alterar o organismo de uma forma geral.

Rinite medicamentosa

Nesse caso, a rinite é decorrente do uso de vasoconstrictores tópicos, os famosos "remédios para desentupir o nariz". São medicamentos potentes, que desentopem o nariz quase que imediatamente, e existem milhares de pessoas viciadas em remédios de pingar no nariz. São esses os pacientes que têm a rinite medicamentosa.

A questão é que esses remédios (vasoconstrictores) levam a um alívio respiratório quase que instantâneo. Mas esses próprios remédios destinados a desentupir nariz têm um efeito colateral rebote: entupir o nariz. O próprio remédio entope tardiamente o nariz e faz com que a pessoa pingue novamente, e assim sucessivamente até virar um vício constante. A pessoa anda para todos os lados com o remédio no bolso e se vê desesperada se o não tiver.

Vou fazer um parêntesis para contar uma história interessante que aconteceu comigo: eu estava em um avião para uma viagem internacional. Logo depois da decolagem eu vi uma agitação em um adulto e a aeromoça ao lado. Ele estava muito inquieto. Colocava a mão nos bolsos e parecia aflito. Ele havia esquecido o seu remédio. Então, a aeromoça gritou para todo avião: "Alguém tem algum remédio para desentupir nariz?". E, para minha surpresa, pelo menos dez pessoas se levantaram, oferecendo seus remedinhos... Ora, esse vício é tão comum que as pessoas nem imaginam!

Mas como pode ser de livre comércio um remédio desses? Eu sinceramente não entendo. Em minha opinião, a rinite medicamentosa é verdadeiramente um problema de saúde pública, pois remédios como esses deveriam ser vendidos exclusivamente e rigorosamente somente com receita médica. Claro que eles são importantes no arsenal terapêutico médico. Mas devem ser usados por, no máximo, três a cinco dias seguidos e nada mais. Somente o médico pode e deve dizer qual o período de uso, o paciente não deve administrá-lo livremente.

Outra questão é que esses medicamentos são imediatamente absorvidos na corrente sanguínea e podem levar a efeitos colaterais graves. Dentre eles citamos a hipertensão arterial, arritmia cardíaca e outras doenças cardiológicas, além de dor local, sangramento nasal e até perfuração do septo nasal.

Rinite gestacional

Toda gestante experimenta uma retenção de líquidos e consequente edema (inchaço) característicos da gravidez. Muito frequentemente quadros de rinite costumam piorar no período gestacional, ou mesmo surgem nessa fase pela primeira vez. É uma situação bastante complicada, porque durante a gestação existe uma restrição muito grande a diversos medicamentos. Recomendo que as mulheres que tenham rinite alérgica controlem e tratem muito bem essa situação antes da gestação.

Rinite do bebê ou do lactente

É muito comum encontrar quadros de rinite nos bebês. A doença costuma acometer bebês com até dois anos de vida. Ela ocorre devido a fatores alergênicos e à mudança do ambiente aquático do útero da mãe para o ambiente aéreo externo. Costuma levar a um incômodo intenso para a respiração do pequeno ser e leva a muita aflição e até desespero dos pais. Assim como a gestante, os lactentes têm um espectro de medicamentos muito restrito para utilização.

Rinite não alérgica com eosinofilia

A rinite não alérgica com eosinofilia, em geral, é acompanhada de pólipos nasais e intolerância ou alergia à aspirina. Trata-se de um quadro imunológico não alérgico. É facilmente confundida com a rinite alérgica, portanto a investigação minuciosa deve ser feita à primeira suspeita desse diagnóstico, para assim ser possível direcionar corretamente o tratamento. Alguns exames podem ser feitos para ajudar, mas o principal é que o médico fique atento a essa possibilidade de diagnóstico.

Sinusite

Essa é uma doença muito conhecida pela população. Praticamente todo mundo já teve sinusite - tendo conhecimento disso ou não. Digo isso porque até uma gripe leve ou resfriado leve pode levar a um quadro mais prolongado dos sintomas. Quantas vezes já ouvi no consultório a pessoa dizer "Doutor, estou com gripe há um mês". Ora, nenhuma gripe dura um mês! A virose da gripe nunca dura um mês! Certamente o quadro começou com uma gripe, mas os sintomas persistiram pela complicação instalada, ou seja, uma sinusite.

O termo sinusite vem de sinus, que são cavidades no nosso rosto ao lado do nariz (ou seios paranasais). "Ite" é o sufixo que denota inflamação. Então, sinusite é uma inflamação nos sinus. Ela pode acometer um ou mais dos quatro seios paranasais: maxilar, etmoidal, frontal e esfenoidal. Muitas vezes, instala-se como complicação de gripe, resfriado, rinite alérgica, desvios de septo, traumas de face e/ou crânio e tratamentos dentários. Também pode ser causada pela exposição contínua ao ar condicionado ou, ainda, por irritações ambientais constantes – poluição atmosférica, trabalho em ambientes frios ou trabalho com inalantes irritantes.

Os sintomas mais comuns são o nariz entupido prolongadamente, secreção nasal abundante amarelada, esverdeada e/ou com sangue, que pode ser vivo ou escuro, misturado com a secreção. Pode dar febre, dores na face, dores de cabeça, mal-estar no corpo etc. Muitos pacientes têm dores nos dentes superiores e, antes de procurar o otorrinolaringologista, vão até o dentista.

A sinusite aguda é uma doença que pode gerar uma série de complicações, tais como: sinusite crônica, abscesso periorbitário (inchaço significativo do olho, que ocorre quando a sinusite rompe a parede do olho e penetra dentro dele, levando a risco de perder a visão), abscesso cerebral e meningite. Ou seja, se não for tratada adequadamente, ainda mais em indivíduos com o organismo debilitado, pode ter sequelas significativas e mesmo levar à morte.

Por que uma gripe vira sinusite?

Essa é uma dúvida comum. São as condições do organismo no período de infecção que favorecem ou não o aparecimento de complicações. O risco de a gripe virar sinusite diminui significativamente se o paciente se hidratar e se alimentar adequadamente, dar ao corpo o repouso necessário e cessar estímulos negativos como cigarro, ar condicionado, mudanças de temperatura e estresse.

A sinusite é considerada aguda quando os sintomas têm quatro semanas ou menos de duração, subaguda quando duram de quatro até onze semanas, e crônica quando o quadro permanece por doze semanas ou mais.

Sangramento nasal

O nariz é um órgão muito irrigado e com os vasos bem expostos. Por isso, o sangramento nasal é comum e pode acontecer de maneira espontânea ou, ainda, em consequência de trauma nasal simples (batida no nariz, por exemplo) ou trauma nasal mais grave, como uma fratura. O nariz também pode sangrar devido a hipertensão arterial, pólipos, uso de drogas, tumores e alterações na coagulação do sangue. Uma questão também bastante comum relativa ao sangramento nasal em crianças é que estas costumam ficar cutucando o nariz, e o trauma repetido vai levando a sangramento.

Agora, por que os vasos do nariz são tantos e tão expostos? A resposta é que o ar que passa pelo nariz deve ser aquecido antes de chegar aos pulmões. E, ao passar pelo nariz, ele se aquece com o calor do sangue dos vasos expostos!

No caso da pressão arterial, diferente do que diz o senso comum - segundo o qual o "sangue sai para aliviar a pressão na cabeça, para a pessoa não ter um derrame" -, o sangramento nasal é indesejável e um sinal de alerta de que algo não vai bem com o organismo. Dentre as complicações do sangramento nasal, vale ressaltar: anemia, sinusite, desconforto social e emocional, necessidade de internação (muitas vezes, com indicação de transfusão de sangue). Em casos extremos e sem atendimento médico adequado pode levar à morte.

Sangramento nasal nunca é normal, apesar de ser bastante comum.

Fratura nasal

Pode ser decorrente de traumas leves, fatos corriqueiros como uma trombada ou um tombo, ou de traumas mais significativos como acidentes de carro e atropelamentos. A fratura do osso do nariz pode levar ou não a uma alteração estética, que, muitas vezes, só poderá ser corrigida cirurgicamente. Hematoma, dor e sangramento podem estar presentes em caso de fratura nasal. Olho roxo é comum. Felizmente, as crianças geralmente estão mais protegidas e têm muito menos chance de fraturas, pois costuma-se dizer que "os ossos das crianças são feitos de borracha"!

Corpos estranhos

A presença de corpo estranho no nariz ocorre principalmente em crianças e é mais comum até os quatro ou cinco anos de idade. A criança tem curiosidades próprias da idade, mas às vezes isso acaba gerando complicações, podendo até desenvolver uma sinusite. Os objetos campeões são espuma, papel dobrado, partes pequenas de brinquedos, pilhas pequenas, feijões, ponta de lápis etc. Eles causam obstrução, irritação na pele da narina e geram uma secreção amarelada, que pode conter sangue, na narina em que foi inserido o objeto, além de mau cheiro. Então, aí vai a dica: secreção nasal com muito mau odor de um lado só é quase diagnóstico imediato de corpo estranho no nariz.

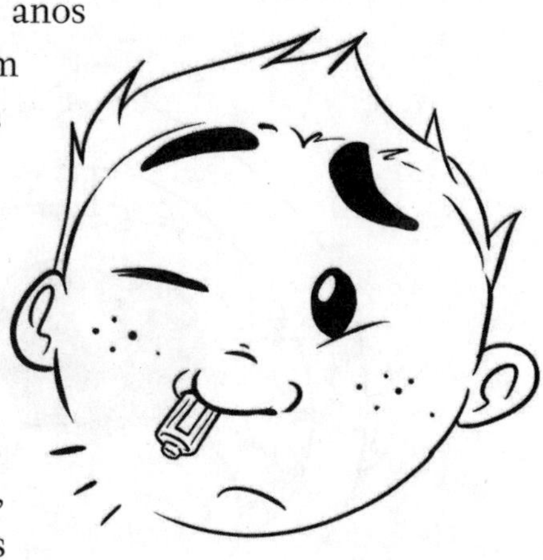

Como a situação não costuma ocasionar febre ou sintomas gerais no corpo, é comum receber no consultório crianças com objetos no nariz há dias, sem os pais perceberem. Em caso dessas situações, uma dica muito importante também: nunca brigue com a criança nem fale para os irmãos "não coloquem nada dentro do nariz", pois o simples fato de citar isso pode gerar curiosidade e, portanto, uma ideia para os outros. Diga apenas "nunca mais faça isso" ou "você pode ficar muito dodói por isso".

GARGANTA

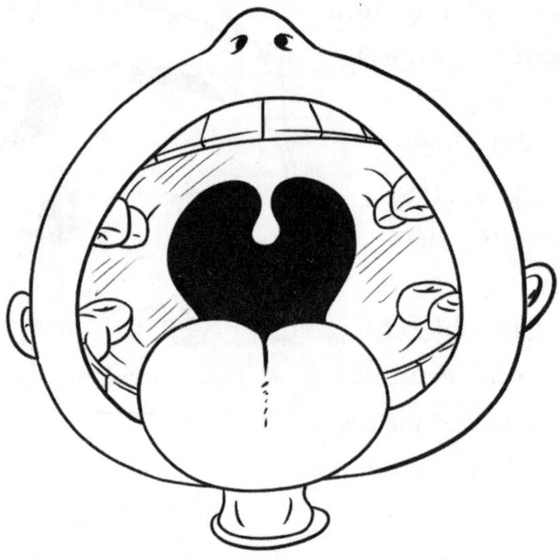

Infecções de garganta podem ser doenças graves. Uma curiosidade histórica interessante: o primeiro presidente dos Estados Unidos, George Washington, morreu devido a uma infecção de garganta. Apesar do risco, as inflamações/infecções leves são extremamente comuns, e arrisco dizer que todos tivemos pelo menos uma dorzinha de garganta na vida, ou seja, praticamente 100% da população já experimentou isso.

Inicialmente, para compreender estas doenças, devemos entender que nem tudo o que acontece na garganta acomete as amígdalas. Muitas vezes, as inflamações ou infecções podem atingir outras estruturas que ficam na garganta, como veremos a seguir. O que popularmente chamamos de garganta compreende as amígdalas, a faringe, o palato (céu da boca), a úvula, a laringe e a parte embaixo dela, que é na verdade o que chamamos de subglote. Pelo fato de todas as partes da garganta ficarem próximas entre si, muitas vezes fica difícil saber quem é quem na hora da inflamação. Afinal, a dor é da faringe, da amígdala, da úvula ou de quem?

Faringite

A faringe é a região de trás da garganta. Fica atrás da língua, atrás da úvula. A sua inflamação é chamada de faringite. A faringite pode ocorrer mais comumente das seguintes formas: aguda viral/bacteriana ou crônica granulosa.

Faringite aguda viral/bacteriana

O paciente sente dor de garganta constante ou ao engolir. Pode ocorrer febre, geralmente baixa na faringite viral e podendo ser muito alta na bacteriana. Pode haver associação com sintomas de vias respiratórias altas, como coriza, espirros e nariz entupido. Os quadros virais geralmente não são intensos ou graves. Um exemplo é quando o paciente tem faringite durante um resfriado ou gripe.

Mas a faringite bacteriana pode levar a quadros graves, com dores intensas e incapacitantes, e pode levar inclusive à desidratação pela dificuldade para a ingestão até de líquidos, e é associadamente ao fato de ter tanta dor para deglutir que o paciente fica babando, perdendo mais e mais líquidos.

Faringite crônica granulosa

É um quadro bastante característico e que é facilmente visto. No fundo da garganta são vistas bolinhas vermelhas elevadas e múltiplas. Trata-se da hipertrofia dos folículos linfáticos locais. Eles podem ficar bastante avermelhados, mas o simples olhar já dá diagnóstico imediato. O sintoma mais comum é a sensação de que tem algo parado na garganta que a pessoa engole repetidamente e não consegue tirar. Essa é uma situação muito importante e que costuma gerar muita confusão. Decorre caracteristicamente de refluxo laringofarígeo. O ácido que sobe do estômago e irrita constantemente a faringe vai formando "grânulos" ou "bolinhas" bem no fundo da garganta, atrás da língua, ou até "cordões" verticais bem vermelhos e inchados.

Doenças das amígdalas

As amígdalas (ou mais corretamente chamadas de "tonsilas") são primordialmente órgãos de defesa do corpo humano, levando à produção de anticorpos e, portanto, à proteção contra infecções. Elas são mais ativas até a pequena infância e são importantes para o organismo desde que contribuam positivamente, estando íntegras e funcionando corretamente. Geralmente são pequenas e geram muito eventualmente inflamações ou infecções. Seu tamanho segue uma classificação internacional, conforme o esquema abaixo:

Esquema de graduação de hipertrofia de tonsilas palatinas proposto por L. Brodsky

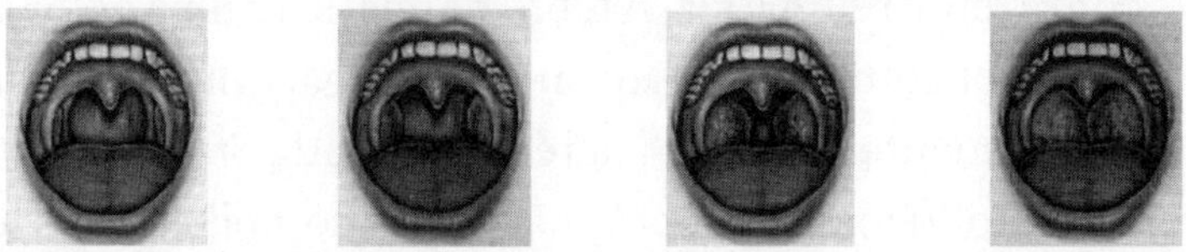

Tonsila de grau 1+ Tonsila de grau 2+ Tonsila de grau 3+ Tonsila de grau 4+

As amígdalas podem gerar problemas mais comumente por três motivos: infecções de repetição, decorrentes do tamanho das amígdalas ou de *caseum*.

As amígdalas que têm infecções muito frequentes levam à utilização constante de antibióticos, mal-estar repetido, inapetência, emagrecimento, febres altíssimas (até com risco de convulsão febril) etc. O tamanho das amígdalas pode levar à obstrução respiratória, independentemente de ocorrerem ou não infecções de repetição. Nesse caso, o tamanho aumentado por si só já configura uma doença. Pode levar a roncos, apneia do sono, respiração pela boca constante etc. Também ocorre uma dificuldade para engolir alimentos sólidos. Acontece com frequência uma situação bem típica: as crianças pequenas com esse problema, ao ingerir algo sólido, como um pedaço de carne, ficam mastigando muito tempo e depois cospem, sem engolir. Isso se deve ao fato de que, para engolir a carne em pedaço, esta deve passar pelas amígdalas. E, se estas tocarem uma na outra, isso leva a desconforto e até dor, então a criança cospe. Geralmente as mães pensam que a criança não gosta de carne em pedaço... Quanto ao *caseum*, descreveremos abaixo.

Uma discussão muito comum é a relação das amígdalas com a febre reumática. A febre reumática é uma doença causada por complicações da infeção de garganta causada especificamente por uma bactéria chamada *Streptococcus* beta-hemolítico do grupo A. Mas essas complicações são somente de quem tem no seu corpo o DNA da febre reumática. Se a pessoa geneticamente não tem febre reumática, a infecção por essa bactéria não leva à febre reumática nem a gera. Então, o medo de ter muitas infecções de garganta e desenvolver febre reumática em quaisquer pessoas é um mito totalmente incorreto.

Amigdalite viral e bacteriana

Certamente, a amigdalite aguda é uma das causas mais comuns das dores de garganta, especialmente nas crianças. As amígdalas podem infeccionar devido a vírus e bactérias. O quadro clínico inclui dor de garganta intensa, febre muito alta, mau hálito e bastante dificuldade para engolir. O paciente pode começar a roncar ou piorar muito o ronco, assustando quem está dormindo ao lado.

No começo do quadro, é muito difícil diferenciar a amigdalite viral da bacteriana. Logo no início, os quadros são bem semelhantes, inclusive com placas brancas nas amígdalas. É importante a avaliação correta e o acompanhamento para o diagnóstico seguro, pois, se for viral, não adianta tomar antibióticos.

Existem causas bem específicas de amigdalites virais, como a mononucleose infecciosa, um quadro grave causado por um vírus chamado *Epstein-Barr*. Além dos sintomas de garganta, aparecem gânglios no pescoço e dores na barriga. O quadro pode durar semanas até meses.

Abcesso periamigdaliano

A amígdala está ancorada na garganta envolvida por uma cápsula, que a separa dos tecidos em volta. Quando uma infecção ultrapassa essa cápsula, o pus sai das amígdalas e pode atingir as estruturas em volta. Isso pode ser muito grave, até com risco de morte. O pus pode descer inclusive para o tórax, devido à dissecção e progressão pelo pescoço. O quadro é de bastante dor, geralmente de um lado só. Existe dificuldade para engolir e dificuldade extrema para abrir a boca (chamamos de "trismo"). A voz fica tipicamente como "voz de batata quente".

Caseum

Voltamos a este assunto, uma vez que trata-se de uma situação muito comum. Corresponde ao acúmulo de "massinhas" brancas nas amígdalas, que podem gerar mau hálito constante e, quando retiradas, têm um odor muito fétido. O paciente sente um incômodo constante, como se tivesse algo parado na garganta. O acúmulo de *caseum* decorre do fato de as amígdalas terem buracos que chamamos de "criptas". Essas criptas têm sua abertura na superfície das amígdalas, mas vão bem fundo, até praticamente a base destas. Algumas vezes as aberturas das criptas amigdalianas ficam mais amplas e acumulam restos de alimentos, que vão entrando até o fundo delas. Com um acúmulo, esses restos de alimentos vão sendo digeridos pelas bactérias comuns. Mas, então, após um acúmulo maior e mais significativo, elas vão se expondo na abertura das criptas e então saem, ou a pessoa as tira.

Já atendi a casos dramáticos devido ao *caseum*. Relembro um deles, muito desagradável, no qual a jovem entrou no meu consultório e eu perguntei o que estava acontecendo. Ela imediatamente começou a chorar incessantemente, sem ao menos conseguir falar o que estava acontecendo. Ficou com os olhos inchados e ao se acalmar me contou: quando deu um beijo no namorado, o *caseum* saiu da amígdala dela e foi parar na boca dele. Um horror...

Geralmente os tratamentos clínicos são bastante limitados quanto aos resultados, sendo que nem sempre existe sucesso. Obviamente cada caso necessita de avaliação específica, mas eu oriento sempre o paciente que quantifique o grau de incômodo gerado por essa situação. Se nenhum tratamento clínico resolveu e o incômodo é intenso, então deve-se pensar em cirurgia, a qual, quando bem indicada, é resolutiva definitivamente.

Tumores

Um assunto que assusta e preocupa todos. Infelizmente, há uma alta taxa de prevalência de tumores na garganta, muitos deles malignos.

Fique sempre atento aos seguintes sinais:

- Dores de garganta constantes e progressivamente piores.
- Sangramento pela boca.
- Emagrecimento significativo e rápido.
- Voz rouca persistente por mais de duas semanas.
- Dificuldade para mastigar ou engolir.
- Dentes moles, sem dor.
- Afta persistente no mesmo local por tempo prolongado.
- Caroços no pescoço, dolorosos ou não.

Laringe

A laringe fica na garganta, mas é mais facilmente reconhecida, pois fica exatamente atrás do famoso "pomo de Adão". É a estrutura da garganta responsável pela emissão da voz e proteção das vias aéreas inferiores. Nela ficam as cordas vocais, hoje mais corretamente chamadas de pregas vocais. São dois pequenos músculos revestidos por uma mucosa altamente especializada para gerar vibrações, as quais são a constituição da voz. A vibração é incrivelmente rápida, chegando a cem vezes por segundo em homens, duzentas vezes por segundo em mulheres e podendo chegar às incríveis mil vezes por segundo em alguns tipos de canto. No entanto, tais movimentos tão rápidos e precisos estão sujeitos a mau funcionamento e consequente problema na emissão da voz.

Os movimentos das pregas vocais são comandados pelo cérebro, de modo voluntário. Logicamente o mecanismo íntimo de processamento da voz é involuntário. Porém, o processo voluntário pode interferir diretamente no funcionamento das pregas vocais, levando a um esforço vocal intenso e repetitivo, o que pode levar a lesões. Isso ocorre especialmente em profissionais da voz, como professores, teleoperadores, vendedores e também nas pessoas que forçam muito a voz e/ou gritam muito. Pode ocorrer em crianças ou adultos. Estudos feitos em 2003 mostraram que professores têm oito vezes mais chance de ter problemas de voz do que a população geral.

O modo como ocorrem as lesões pode ser comparado à formação de um "calo" nos pés ou mãos. Um sapato apertado fica traumatizando um ponto de maior pressão onde ele toca. Isso repetidas vezes vai causando uma inflamação e cicatrização, que é o calo. Nas pregas vocais, o processo grosseiramente é o mesmo: um trauma mais forte e repetido nas pregas vocais vai gerar uma lesão no ponto de maior pressão, levando à formação de nódulos (calos), pólipos etc. Mas existem também lesões que não dependem do uso das pregas vocais. São decorrentes de viroses, doenças bacterianas, doenças neurológicas, doenças neuromusculares, o câncer etc.

Geralmente as lesões causadas por traumas repetidos começam por um quadro que chamamos de "disfonia funcional". Ou seja, uma rouquidão causada pelo funcionamento incorreto do processo de formação da voz. Se isso permanece ao longo do tempo e a pessoa não toma atitudes, tal processo se transforma então em alguma lesão. A natureza avisa, mas a pessoa não ouve...

A laringe também tem uma função nobre de proteção da via aérea inferior contra a invasão de estruturas indesejáveis, como comida, a própria água, secreções nasais e paranasais, e até insetos e objetos aspirados. As pregas vocais reagem violentamente ao contato de substâncias estranhas, gerando o que conhecemos como engasgo. Este e a tosse são as principais defesas mecânicas de toda via respiratória.

Laringite aguda viral ou bacteriana

Trata-se de um processo inflamatório gerado por bactérias ou vírus. É uma situação muito comum e pode vir após um resfriado ou gripe, ou surgir isoladamente. O principal sintoma é rouquidão, que pode vir junto de febre, dor de garganta, tosse intensa e, em alguns casos, até falta de ar. É importante procurar o médico o quanto antes, pois a região das pregas vocais é o local de maior estreitamento da via respiratória e, por isso, a laringite pode levar a desconforto respiratório.

Edema de glote

A situação mais temida dos processos inflamatórios agudos da laringe é o edema de glote, que pode ser grave o suficiente para levar à morte. A glote é a região de contato das pregas vocais. Se surgir um inchaço intenso, pode ocorrer um estreitamento tão grande que não sobra espaço para a passagem de ar e a pessoa entra em insuficiência respiratória aguda, que pode evoluir para parada respiratória em questão de minutos. O edema de glote mais comumente ocorre devido a alergias graves, e a intervenção médica deve ser imediata.

Nódulos, pólipos e cistos

Aqui talvez esteja o assunto mais famoso relativo às cordas vocais. As alterações são agrupadas pelos leigos e chamadas de "calos". São lesões das pregas vocais que geram, na maioria das vezes, rouquidão. Cada tipo de lesão tem uma causa diferente, porém, muitas vezes, a diferenciação entre uma e outra é difícil. Geralmente, os nódulos, pólipos e cistos ocorrem devido a esforços vocais repetidos, especialmente em pessoas que trabalham com a voz ou a usam com muita frequência, como professores, cantores, radialistas, locutores, vendedores, operadores de teleatendimento ou pessoas que gritam muito, a exemplo dos torcedores nos jogos de futebol. A voz vai ficando rouca lentamente, chegando ao ponto de a pessoa ficar rouca constantemente, sem períodos de melhora.

Edema de Reinke

Trata-se de uma condição bastante específica e que ocorre, na maioria das vezes, em pacientes que fumam grandes quantidades de cigarros, geralmente após os 40 ou 50 anos de idade. A voz fica muito rouca e, no caso das mulheres, o edema de Reinke leva a uma situação constrangedora: a paciente fica com a voz masculinizada, o que leva à confusão, especialmente nas ligações telefônicas.

Câncer da laringe

Certamente uma das situações mais graves e preocupantes dessa região, aliás, como de todo corpo. Ocorre muito mais frequentemente em pessoas que são ao mesmo tempo alcoólatras e fumantes. Não sabemos exatamente o porquê, mas a associação do fumo com o álcool predispõe a malignização das lesões.

Caso o câncer se instale nas pregas vocais, o sintoma de rouquidão é praticamente imediato, e então o paciente procura atendimento médico. Por ser uma região com pouca drenagem linfática, geralmente o câncer da corda vocal não manda metástases para o corpo e o tratamento tem bom prognóstico de cura. Já o câncer que aparece em cima das pregas vocais, na região que chamamos de “supraglote”, é mais grave. Essa lesão geralmente não gera sintoma nenhum no começo e só vai dar rouquidão quando já está em estágio mais avançado. É comum mandar metástases, e o prognóstico, a depender do tamanho e invasão dos tecidos anexos, já é mais reservado.

Cuidados com a voz

Cuidar da voz é essencial para evitar quadros de rouquidão, que podem atrapalhar muito a vida de cada um.

Amigos da voz

- Tome bastante água e mantenha o corpo sempre hidratado. A hidratação local da garganta é essencial e a melhor forma de manter as pregas vocais íntegras e funcionais.
- Meia hora antes de quaisquer esforços vocais programados, tome dois a três copos de água. Durante

o esforço vocal, tome água aos poucos, mantendo sempre a boca e garganta úmidas e hidratadas.

- Comer maçã é uma indicação empírica, mas vale.
- Atividade física regular mantém o tônus muscular sempre em dia e ajuda na emissão da coluna de ar para a formação da voz (especialmente a respiração abdominal).
- Uma musculatura do corpo toda relaxada sempre ajuda muito.
- Períodos de relaxamento do pescoço e da garganta ajudam a musculatura a se recuperar, especialmente durante os esforços mais intensos.
- Períodos de repouso vocal são importantes.
- Boceje, espreguice! Isso ajuda a alongar-se e relaxar.
- Exercícios de aquecimento de voz (sempre com orientação específica de um otorrinolaringologista e/ou fonoaudiólogo) são muito importantes. Abaixo estão alguns exemplos do que se pode fazer:
    - Emita o som TRRRRRRRRRRRRRR variando a tonalidade em agudos e graves
    - Emita o som MMMMMMMMMM até sentir os lábios formigarem
    - Emita o som BRRRRRRRRRRRRRR, como se estivesse com frio
    - Abra e feche a boca com movimentos amplos e relaxados
    - Coloque a língua para fora e movimente-a em diversas direções

- Massageie todo o pescoço diversas vezes
- Movimente a cabeça para cima, para baixo e para os lados
- Não tenha vergonha: faça caretas!

Inimigos da voz

- Forçar a voz repetidamente e de modo intenso.
- Fumo é um grande vilão! Evite fumar ou permanecer em ambientes com fumantes.
- Evite gritar.
- Não pigarreie. O pigarro leva a trauma intenso nas pregas vocais.
- Não use camisas, gravatas ou lenços apertados no pescoço. Também evite roupas apertadas no abdômen.

- Trate a azia ou o refluxo ácido do estômago. Aí está uma situação muito comum e desastrosa para a laringe e pregas vocais.
- Tome cuidado com ambientes com ar condicionado, pois ressecam a garganta. Tome mais e mais líquidos.
- Cuidado com ambientes ruidosos que induzem a falar cada vez mais alto, forçando muito a voz, sem ao menos perceber.
- Cuidado com mudanças bruscas de temperatura, especialmente de modo repetido.
- Tensão emocional é um dos principais motivos de problemas na voz.
- Tensão muscular prejudica muito a movimentação da musculatura da laringe.
- Ingestão repetida de álcool.
- Gelado em excesso, assim como bebidas gasosas.
- Evite o uso constante de sprays ou pastilhas para a garganta, pois mascaram processos que podem estar ocorrendo.
- Problemas respiratórios crônicos, como rinite alérgica, asma, sinusite etc. podem prejudicar muito as pregas vocais.
- Gargarejo com vinagre e/ou limão: um desastre! Acidifica a garganta, prejudicando muito a fisiologia normal.

Ronco e apneia do sono

Antigamente, nossos avós viam alguém roncar e diziam: "Nossa, como ele está dormindo gostoso... Está roncando que só...". Por outro lado, tem gente que acha que roncar é engraçado. Tem gente que ronca e tem vergonha de dizer. Mas será que o ato de roncar é algo digno de piadas ou de constrangimento?

Não. Mais do que isso, pode ser sinal de uma doença que pode ser muito grave. Essa doença chama-se apneia do sono. Muitas pessoas sofrem da síndrome da apneia e hipopneia obstrutiva do sono (SAHOS) e não sabem. Na grande maioria dos casos, o paciente ronca, e isso pode ser um sinal direto da SAHOS. Portanto, quem ronca deve sempre procurar ajuda de um otorrinolaringologista para análise.

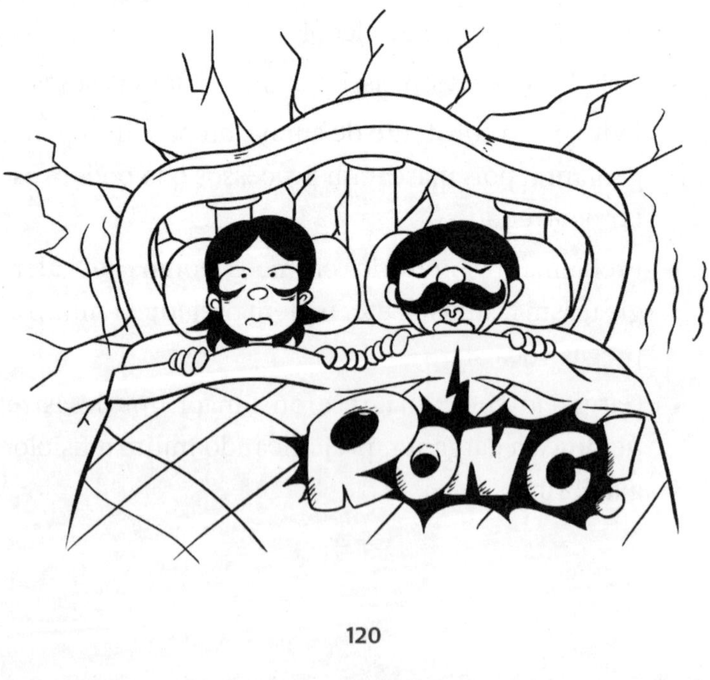

Apneia significa "parada respiratória" e hipopneia significa "diminuição da respiração". Portanto, a SAHOS é um distúrbio provocado pela obstrução dos canais respiratórios durante o sono (especialmente na região da garganta), culminando numa diminuição drástica no fluxo de ar, chegando às vezes a obstruí-lo completamente (parada respiratória). O paciente sente por vezes como se tivesse "um engasgo forte" e depois "puxa a respiração com muita força, fazendo um barulho muito alto", assustando a pessoa que está ao lado, dando a impressão de que está sufocado, ou mais: de que está morrendo! Muitas vezes a pessoa acorda assustada nesse momento ou quem está do lado a cutuca para que acorde. Um verdadeiro desespero.

A SAHOS é uma doença de origem desconhecida, crônica, progressiva, incapacitante e com alto índice de prejuízo na qualidade de vida, além de estar diretamente relacionada com um significativo aumento da mortalidade. Os fatores predisponentes para ter essa doença são genéticos, dos hábitos e da higiene do sono (televisão no quarto, colchão, travesseiro, ruídos ambientais que podem atrapalhar o sono etc.), bem como de questões comportamentais. O excesso de peso é um dos principais fatores envolvidos, mas também existe o componente da respiração nasal, do tamanho das amígdalas e da úvula, além das condições craniofaciais, como arcada dentária, tamanho da maxila e mandíbula etc. Quanto ao peso, vai aí uma informação extremamente importante: dois hormônios de regulação do peso, a grelina e leptina, mantêm seu equilíbrio durante o sono. Se o sono é agitado e fragmentado, então pode existir um problema grave nesse controle e gerar sobrepeso. É isso mesmo que você entendeu: o aumento de peso gera SAHOS e a SAHOS gera aumento de peso! Um verdadeiro ciclo nocivo e terrivelmente ruim para o corpo!

As consequências da SAHOS no dia a dia da pessoa podem ser inúmeras. Geralmente, quem tem SAHOS acorda de manhã com dor de cabeça, sofre com muita sonolência e cansaço constante durante o dia, causados obviamente por uma noite de sono anormal e pouco relaxante. O paciente sente-se mais cansado do que quando foi dormir! No entanto, existem ainda inúmeras outras consequências graves, como a forte relação com a hipertensão arterial, arritmias cardíacas, doenças nas coronárias, insuficiência cardíaca, redução da quantidade de sono profundo e até diminuição da libido e impotência sexual. Também pode ocorrer redução da memória, dificuldade para assimilar novas informações, maior irritabilidade e labilidade emocional. Pode gerar cochilos dirigindo automóveis, ônibus ou caminhões, levando a graves acidentes.

Em crianças, esse distúrbio pode causar hiperatividade, baixo rendimento escolar, déficit de atenção etc. Além disso, pode ocorrer também algo muito grave: um déficit de crescimento. Isso ocorre porque o hormônio de crescimento (GH) é liberado nas fases profundas do sono. Quando a criança tem SAHOS, o sono é muito agitado, sendo que ela dorme em uma posição, mas gira dormindo o tempo todo, acordando muitas vezes até de ponta-cabeça! Esse sono fragmentado é neurologicamente um sono anormal. Então, pode ocorrer uma falta ou diminuição da liberação do GH, o que compromete seriamente o desenvolvimento e as curvas de crescimento.

Portanto, já deu para perceber que, se você ou quem está ao seu lado ronca, procure imediatamente um tratamento com otorrinolaringologista. Com um diagnóstico inicial o tratamento fica mais fácil.

5
TRATAMENTOS MAIS COMUNS

AS DOENÇAS DE OUVIDO, nariz e garganta podem ser tratadas de diferentes maneiras.

Medidas gerais

As doenças agudas de ouvidos, nariz e garganta geralmente são muito dolorosas e têm início súbito. Algumas medidas gerais podem ser tomadas antes da consulta com o especialista.

Ouvidos

- No caso de dor, pode-se aplicar compressas secas, sequencialmente, durante quinze a trinta minutos. A temperatura deve ser de morna para quente, mas não o suficiente para gerar desconforto. Normalmente a melhora é imediata com o calor local.

- Evite a entrada de água durante o banho, bem como, em caso de dor, entrar na piscina ou no mar.
- Se acontecer vazamento de pus, evite usar hastes de algodão. Limpe somente por fora.
- A mesma orientação vale no caso de cera em excesso: nunca introduza nenhum objeto para tentar "limpar" o ouvido, pois os traumas são muito frequentes e podem lesar a membrana do tímpano, os ossículos e o canal do ouvido.
- Em caso de tonturas com o diagnóstico de labirintite, evite a ingestão de café, chá preto e mate, chocolate, álcool, fumo, ambientes com sons altos e estresse excessivo.

Nariz

- Se o nariz entupir, é sempre recomendado pingar ou fazer inalação com soro fisiológico. Atualmente existem frascos de soro fisiológico que emitem jatos contínuos, o que é extremamente bom para a limpeza e umedecimento do nariz.

- Para bebês pequenos, amorne o soro fisiológico antes de pingá-lo. O controle de temperatura interna dos bebês é mais sensível, portanto o soro na temperatura ambiente frequentemente será tido como frio para a cavidade nasal. Teste no próprio nariz antes de pingar. A temperatura mais adequada é algo em torno de 36 graus.

- Tanto em adultos quanto em crianças, em caso de entupimento no nariz ao dormir, mantenha o corpo em decúbito elevado. Em caso de bebês, coloque um travesseiro embaixo do colchão, no lado da cabeça. No caso de adultos, pode-se dormir com dois ou três travesseiros ou até elevar a cabeceira da cama com alguns suportes de até dez a quinze centímetros.
- Com o nariz muito entupido, nunca o assoe fortemente. O ar vindo dos pulmões não conseguirá passar pelo nariz, e existe grande chance de esse ar ir para dentro dos ouvidos, através da tuba auditiva. Se o ar empurrar junto dele as secreções do nariz, existe forte chance de uma infecção no ouvido.
- Ao descer uma serra, lembre-se de fazer a compensação de pressão dos ouvidos logo no início da descida. Não espere o ouvido tampar totalmente para começar a tentar desentupi-lo. Boceje, engula forte, tome líquidos, masque chicletes ou até, se estiver sem nenhuma gripe, resfriado ou crise de rinite, assopre para dentro dos ouvidos delicadamente.
- Em caso de voo de avião, lembre-se de que a pressurização da cabine começa imediatamente quando as portas são fechadas. Portanto, comece as

manobras de compensação de pressão que citei acima logo nesse momento. Da mesma forma, ao começar a descida, também faça as manobras.

- No caso de sangramento nasal, nunca coloque a cabeça para cima. Essa é a primeira atitude que geralmente se toma, mas é incorreta, pois o sangue vai escorrer para a garganta e não resolve nada. O ideal é ficar sentado, tórax na vertical e com a cabeça abaixada ("queixo no peito"). Aperte o nariz com os dedos indicador e polegar, como uma pinça, e segure durante cinco a dez minutos. Respire pela boca, coloque sobre o nariz uma toalha e, por cima, uma bolsa de gelo.

Garganta

- Se estiver com dor de garganta, faça gargarejos com água e sal (ou, no lugar do sal, um pouco de bicarbonato de sódio). Nunca utilize vinagre ou limão. Pode-se colocar uma faixa de pano envolvendo o pescoço, mas sempre sem álcool.
- Ao engasgar com espinha de peixe, nunca coma pão ou coloque o dedo para tentar retirá-la. A recomendação é procurar auxílio médico imediatamente. O pão

ou o movimento com o dedo pode empurrar a espinha mais para dentro dos tecidos, gerando mais dificuldade para o médico encontrá-la depois.

Medicações caseiras

Tome muito cuidado com a automedicação, mesmo se optar por medicações conhecidas como "caseiras".

- Muitos chás ou ervas podem gerar efeitos colaterais, alguns graves.
- Xarope de guaco, chá com mel, gengibre e alho estão permitidos. O verdadeiro efeito benéfico é discutível.
- Eu contraindico o uso de própolis! As soluções de própolis têm álcool e isso leva a mais irritação da garganta. Se for uma solução sem álcool, ok, pode usar, mas também não há comprovação de benefício pela Medicina baseada em evidências.

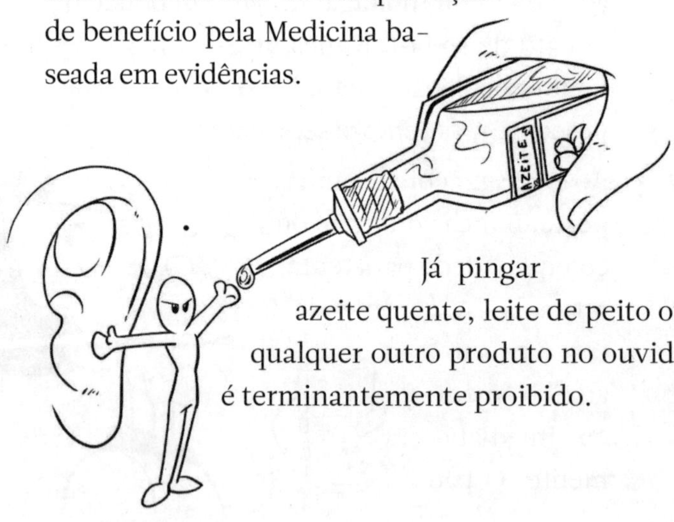

Já pingar azeite quente, leite de peito ou qualquer outro produto no ouvido é terminantemente proibido.

Medicamentos isentos de prescrição (MIPs)

Os remédios que não trazem a faixa vermelha na caixinha são considerados medicamentos isentos de prescrição (MIPs). Os medicamentos com faixa vermelha ou preta na caixinha só podem ser vendidos mediante apresentação da prescrição ou receita médica. Apesar da possibilidade de adquirir MIPs diretamente, procure sempre seguir a orientação do farmacêutico.

- Mesmo os medicamentos isentos de prescrição podem ter efeitos colaterais ou interações medicamentosas indesejáveis.
- Analgésicos, vitaminas, antiácidos, laxantes e produtos para higiene nasal são considerados MIPs.

Cuidado com a automedicação!

- Você não sabe exatamente o diagnóstico.
- Você não sabe o melhor medicamento para uma situação específica.
- Tome cuidado com a dose. Como afirma a sabedoria popular, “a diferença entre o remédio e o veneno é a dose”.
- Atenção e cautela redobradas, sempre, com crianças e idosos.
- Cuidado sempre caso a pessoa tenha ou suspeite de doenças como dengue.

Medicamentos de venda sob prescrição (tarja vermelha)

Medicamento de referência

Medicamento inovador, que possui marca registrada no órgão federal responsável pela vigilância sanitária. Tem eficácia, segurança e qualidade comprovadas cientificamente junto ao órgão federal competente, segundo a própria definição da Agência Nacional de Vigilância Sanitária (Anvisa).

Medicamentos genéricos
(uma enorme letra "G" na embalagem)

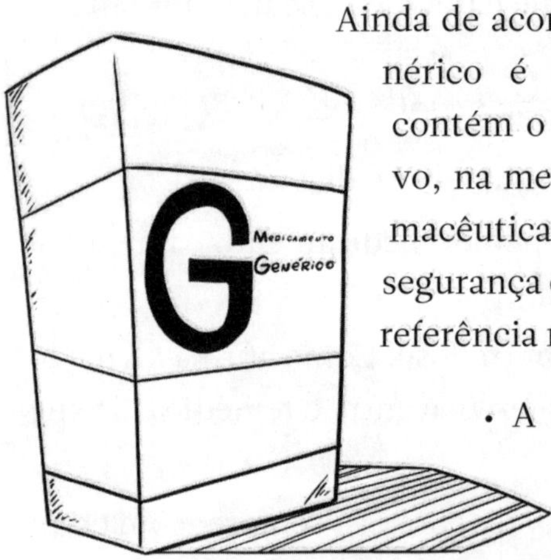

Ainda de acordo com a Anvisa, genérico é o medicamento que contém o mesmo princípio ativo, na mesma dose e forma farmacêutica, e apresenta a mesma segurança que o medicamento de referência no país.

- A segurança na substituição do medicamento de referência pelo respectivo genérico é assegurada por testes de bioequivalência realizados pelo laboratório fabricante e apresentados à Anvisa.

- Pode-se substituir o medicamento da receita pelo genérico, desde que com a supervisão do farmacêutico.
- Todo medicamento genérico deve ser, obrigatoriamente, mais barato que o medicamento de referência.

Medicamento similar

- Existe muita confusão entre genérico e similar. São duas coisas bem diferentes.
- Quando a reserva da patente de um medicamento de referência vence, outro laboratório farmacêutico pode produzir o medicamento similar, que contém o(s) mesmo(s) princípio(s) ativo(s), concentração, forma farmacêutica, via de administração, posologia e indicação farmacêutica. O laboratório fabricante do similar dá um novo nome comercial ao medicamento, além de informar, em letras menores, o princípio ativo.
- Um medicamento similar pode ter um nome fantasia, enquanto o genérico tem apenas o nome do princípio ativo.

Medicamento fitoterápico ou fitomedicamento

- São medicamentos com origem em matéria-prima exclusivamente vegetal.

- Como toda medicação, os medicamentos fitoterápicos também podem apresentar riscos e efeitos colaterais.
- Não devem ser confundidos com "ervas" ou "algo leve".
- Medicamento fitoterápico e homeopatia não são a mesma coisa.
- Um exemplo de fitomedicamento muito utilizado em Otorrinolaringologia é a ginkgo biloba.

Vacinas

Imunoterapia é um procedimento adotado por alguns especialistas para tratamento da rinite alérgica. Existem diversas formas de prescrição e utilização desses medicamentos, mas minha experiência clínica com eles não é boa.

A vacina antipneumococo ajuda a prevenir a infecção de vias aéreas superiores e de pulmões por bactérias. É recomendada especialmente para crianças pequenas e idosos, para evitar pneumonia e infecções das vias áreas de uma forma geral.

A vacina tríplice, além da difteria e do tétano, contribui para a prevenção da coqueluche, ou "tosse comprida". Obrigatória para todas as crianças.

Em 2015, a vacina contra gripe é recomendada pelo Ministério da Saúde a crianças de seis meses de idade até cinco anos, idosos com sessenta anos ou mais, profissionais de saúde, pacientes imunossuprimidos etc. A vacina utilizada na campanha de cada ano é produzida a partir do vírus *Influenza* coletado no ano anterior. A eficácia é discutível, devido à mutação do vírus de um ano para outro. Pode apresentar efeitos adversos, os quais podem ser muito intensos. Está comprovada sua ação efetiva diminuindo complicações como a pneumonia e diminuindo o risco de morte por complicações da gripe.

A autovacina, elaborada através do cultivo de bactérias coletadas em secreção do próprio paciente, já foi muito utilizada. Porém, sua eficácia também é altamente discutível.

6

CIRURGIAS

Cirurgias de ouvido, nariz e garganta

A CIRURGIA É MINHA GRANDE PAIXÃO. Tenho muito prazer em clinicar, e o contato com pacientes e suas famílias no dia a dia do consultório traz realização e aprendizado constantes. Contudo, não posso negar o fascínio pela cirurgia, principalmente ao constatar a relevância de um procedimento cirúrgico para a vida do paciente. Afinal, o que se passa dentro do centro cirúrgico pode mudar tudo, em questão de segundos.

Na cirurgia, mais até do que na prática clínica, vale a afirmação de que a Medicina é 50% ciência e 50% arte. Daí a importância de o cirurgião estar não somente atualizado com o que há de mais moderno, efetivo e seguro mas também entregue de corpo e alma às necessidades do paciente naquele momento. Existem condições imprescindíveis - transparência e confiança - para uma saudável relação entre médico, paciente e demais envolvidos.

O paciente que vai se submeter a uma cirurgia está sempre fragilizado. Em questão de minutos ou horas vai acordar após um trauma (chamamos de trauma cirúrgico). Sempre existe uma ansiedade antes e incertezas depois. A proximidade com o médico e a troca constante de notícias, informações e orientações se fazem obrigatórias para uma boa evolução. Quase sempre é impossível evitar dores ou desconfortos pós-operatórios. Mas a presença constante do médico ameniza muito todo sofrimento.

Sigo sempre o que chamo de "sequência linear descendente de prioridades", as quais são: segurança, resolutividade, qualidade de atendimento. Sempre segurança em primeiro lugar. Lembro-me constantemente de um ditado oriental: "Se existe alguma chance de algo dar errado, elimine essa chance". Analiso muitos e muitos detalhes e na maioria das vezes sou tido no centro cirúrgico como um médico "chato", de tão exigente que sou. Absolutamente nada pode dar errado. Nada. Pelo meu paciente, não me importo nem um pouco em ter uma impressão assim.

Aspectos gerais

Considero a cirurgia um momento muito nobre e, ao mesmo tempo, delicado, que gera grande preocupação nos envolvidos – o paciente, seus pais e familiares, os amigos, colegas de trabalho e, no caso de crianças, até os professores da escola. A proximidade da realização de um procedimento cirúrgico, acompanhado pela anestesia, traz consigo ansiedade e incertezas quanto aos corretos diagnósticos e indicação da cirurgia, se é o momento certo, se o médico é o ideal e se o hospital é adequado. Muitas incertezas!

Ao mesmo tempo, por uma questão cultural, no Brasil o tratamento médico e uma possível cirurgia nem sempre são prioridades. No caso de procedimentos eletivos (aqueles programados e realizados com antecedência), muitas vezes a família e o paciente colocam na frente da cirurgia questões como trabalho, viagens, aulas, férias e até mesmo uma troca de carro. Outros equívocos comuns que, em minha opinião, também ocorrem por razões culturais são subestimar ou superestimar o porte de uma cirurgia. Quantas vezes ouvi a expressão "Mas é só uma cirurgia de adenoide..." emitida por pais...

Para tratar de maneira adequada um acontecimento tão importante quanto a realização de uma cirurgia, o primeiro passo é que sejam esclarecidas, de forma detalhada, as seguintes questões:

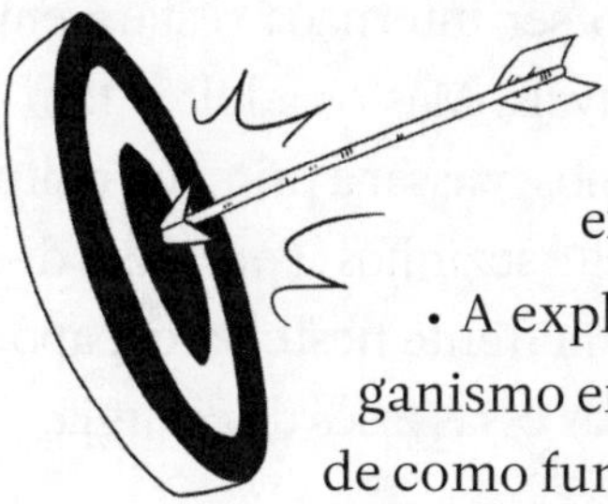

- O correto diagnóstico.
- A certeza de que todos os exames necessários foram feitos.
- A explicação de como funciona o organismo em condições normais e, depois, de como funciona a doença que está levando à cirurgia.
- As opções de tratamento.
- Se existem e quais são as diferentes opções de cirurgia para o mesmo diagnóstico.
- Os riscos de anestesia.
- Os riscos no intra e pós-operatório.
- As possíveis complicações e sequelas no intra e pós-operatório.
- Como é feita a cirurgia.
- Como é, detalhadamente, o pós-operatório padrão.
- Qual a previsão de internação e de acompanhamento do pós-operatório até a alta final.

Essa é apenas a relação inicial de tudo que deve ser discutido com seu médico antes mesmo do agendamento da cirurgia. Eu abordo sempre todos esses itens, minuciosamente e respondendo a todas perguntas dos pacientes.

Há muitas outras variáveis a serem consideradas. Vamos a elas.

A internação

É óbvio que uma criança, ao ser internada, estará em companhia dos pais ou responsáveis. Mas os adultos também não devem se internar sozinhos, passar a primeira noite no hospital sozinhos ou receber alta sozinhos. Por razões diversas, que abordaremos mais para frente neste bate-papo, é necessária a companhia em todas essas fases da cirurgia.

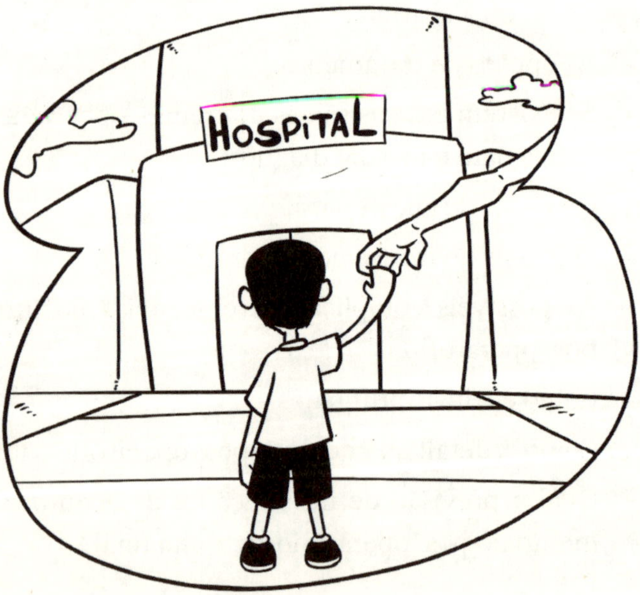

Faça tudo que estiver ao seu alcance para chegar para a internação no horário agendado. Um pequeno atraso pode alterar toda a agenda do médico e do centro cirúrgico, com consequências para você e para os outros pacientes. Sempre evito correrias no dia da cirurgia.

O seu médico pode lhe indicar o número de dias previstos de internação. Mas, lembre-se, imprevistos acontecem e você pode receber alta tanto antes quanto depois da data estimada. Aos acompanhantes: mesmo que a previsão seja de alta no mesmo dia, esteja preparado para que a alta seja no dia seguinte.

Cara limpa, corpo limpo

Nunca vá ao hospital com esmalte de unha (nem nas mãos nem nos pés), maquiagem (absolutamente nenhuma), anéis, alianças, piercings, fitas de pano ou outros materiais, cabelo molhado, apliques no cabelo e outros adereços. Da mesma forma, pode ser necessário suspender o uso de alguns medicamentos, como os antiagregantes plaquetários, os que alteram a coagulação (especialmente o ácido acetilsalicílico – aspirina e similares –, ginkgo biloba e excesso de ingestão de alho) ou antidepressivos. Tenha em mãos uma lista de todos os remédios que está tomando, para que seu médico possa lhe dar a orientação adequada.

Apesar de o assunto ser muitas vezes constrangedor, informe, sempre que for o caso, o uso de drogas. O risco de anestesia em uso de drogas é altíssimo e muitas vezes leva à morte durante a cirurgia. Algumas drogas mantêm esse risco mesmo que usadas trinta dias ou mais antes da cirurgia. Nunca subestime essa informação. Muitas vezes o paciente vem com acompanhantes e fica constrangido em falar naquele momento. Portanto, entre em contato depois e esclareça a situação com detalhes.

O jejum também é importante, bem como a adoção de alguns cuidados com a alimentação nos dias que antecedem a cirurgia. Sempre mantenha jejum de no mínimo oito horas antes da cirurgia. Isso inclui também água. A única exceção nesse caso é o uso de alguns medicamentos que não podem ser suspensos. Nesses casos, tome o remédio com pouca água.

Complicações, recuperação, reoperação

Pergunte a seu médico quais podem ser as complicações da anestesia e do procedimento cirúrgico propriamente dito. É importante que o cirurgião explique que pode haver mudança de conduta no intraoperatório. Algumas doenças não aparecem nos exames pré-operatórios, nem na tomografia e nem na ressonância. Por isso, o médico pode encontrar uma situação imprevista durante o ato cirúrgico e então deverá resolver o problema naquele momento.

Saber como é a recuperação imediata, em médio e longo prazo após a cirurgia ajuda a aplacar a ansiedade e aumenta a segurança do paciente. Dá para estimar, inclusive, como será e qual a intensidade da dor depois da operação.

Mais um ponto importante: você deve saber e informar seus familiares sobre os cuidados a serem tomados antes, durante e após a cirurgia. Isso inclui medicações, repouso, dieta e retorno ao médico. Quem vai ser operado é o paciente, mas todos fazem parte do processo. Sempre oriento ao paciente que evite visitas desnecessárias após a cirurgia, pois as pessoas podem involuntariamente piorar o quadro. Podem transmitir gripes ou resfriados e não é incomum visitar o paciente com perfumes muito fortes.

Afastamento

Você deve se programar para o afastamento do trabalho ou para o período em que seus filhos ficarão longe da escola. Existe sempre uma previsão inicial, mas esteja preparado para prolongar o período, se necessário for. Informe-se também sobre as questões trabalhistas, como a entrega do atestado na empresa ou mesmo o ingresso no INSS. Atualmente o atestado médico dá direito a no máximo exatos quinze dias de afastamento, sem necessidade de INSS. O dia da cirurgia é considerado o primeiro dia.

Alinhando expectativas

O médico, por um lado, deve deixar claro quais são os objetivos da cirurgia e o que se espera em termos de resultado. Já o paciente, por outro, precisa esclarecer quais são as suas expectativas, mas entender que elas podem ou não ser atendidas. Trata-se de uma questão extremamente fundamental para todo o sucesso, uma vez que uso sempre a expressão "a decepção vem da expectativa, portanto cuidado com a expectativa". Outra informação relevante é que existem indicações específicas para a administração de medicamentos antes de qualquer cirurgia, como antibióticos para profilaxia, corticoides, sprays ou medicamentos pré-anestésicos.

Algumas cirurgias de ouvido, nariz e garganta podem ocasionar sequelas. Piora de audição, tonturas persistentes, zumbidos e cicatrizes aparentes, por exemplo. É importante que o médico esclareça essas questões antes do procedimento, tirando todas as dúvidas dos pacientes e seus familiares. Aliás, nunca deve haver constrangimento para perguntas. Frequentemente ouço dos pacientes a expressão "Doutor, vou fazer uma pergunta boba...". Ora, isso nunca existe: perguntas são decorrentes de dúvidas e devem ser sempre esclarecidas.

CUIDADO: O paciente não deve basear suas expectativas no que ocorreu com vizinhos, amigos ou parentes, nem tomar como referência problemas ocorridos em cirurgias que são comumente divulgados na mídia. O mais comum é a distorção dos fatos, o que pode levar a conclusões erradas.

Indicações

Está aí um ponto bem polêmico quando se fala em cirurgia: a indicação. Ninguém quer ir para o centro cirúrgico, então é normal receber com resistência e até mesmo desconfiança a recomendação do médico para um procedimento cirúrgico. Quantas vezes um paciente vem para consulta de rotina e sai com indicação de cirurgia. Imaginem o nó na cabeça... Mas, em meus atendimentos médicos, digo sempre o que devo dizer, e não

necessariamente o que quero dizer. Não omito nada, não diminuo nem aumento o quadro. Digo a verdade. Sou um intérprete da doença para o paciente. Detecto e "traduzo" a doença para a pessoa. Não minto, mesmo que a doença seja grave. Acredito que o paciente deve saber de tudo e pratico isso o tempo todo.

Eu, particularmente, *só opero quem vai melhorar com a cirurgia*. Apesar de parecer óbvio, tenho certeza de que não é. Esse é o meu mantra, é o critério principal que adoto ao indicar uma cirurgia ao paciente. E essa indicação pode ser absoluta – quando não há outra alternativa para a melhora do paciente – ou relativa – quando a realização da cirurgia depende de fatores associados, mas que certamente vai beneficiar, e muito, o paciente.

Nem sempre, contudo, isso é o que se observa na prática médica. Infelizmente vejo que muitas cirurgias são feitas baseando-se nas alterações encontradas, como variações anatômicas, por exemplo, que não têm nenhuma repercussão clínica, ou seja, não mudam ou atrapalham em nada a saúde do paciente. A imensa maioria das cirurgias em Otorrinolaringologia visa corrigir defeitos anatômicos, como desvio de septo e aumento de amígdalas, entre diversas outras. Somente uma parcela muito pequena, mínima mesmo, tem como objetivo tratar exclusivamente doenças funcionais sem mudar a anatomia.

Como escrevi no início deste capítulo, as necessidades dos pacientes devem vir em primeiro lugar. E é preciso não confundir necessidade com desejo. Pois há muitos que se prontificam a passar por cirurgia ou se negam a serem submetidos ao procedimento por razões como:

- Desejo de alívio imediato da dor, mesmo não sendo a cirurgia a melhor opção.
- Falta de tempo para o tratamento clínico, por conta de viagens ou compromissos de trabalho.

- Falta de condições financeiras para o tratamento.
- Longos períodos de ausência fora do Brasil, sendo que o paciente quer "aproveitar" a estada curta no país para a cirurgia.
- Os tratamentos que não têm cobertura pelos planos de saúde.
- O prejuízo causado pelos afastamentos do trabalho ou da escola.
- O encerramento breve do convênio médico.

Quando operar

Essa não é uma resposta simples. Contudo, existem alguns grupos de critérios que podem ajudar o médico e o paciente a tomarem essa decisão com segurança.

Idade

Esse assunto ainda dá muito pano para a manga. O fato é que, hoje em dia, a idade não é mais um fator limitante, qualquer que seja a faixa etária. Diferentemente do passado, quando não se operava o paciente "por ser idoso" (na minha época de faculdade, nos anos 1980, 45 anos era considerado idoso) e não se operava criança "por ser muito pequena". Atualmente, essas afirmações perderam a validade.

Havia uma impressão geral, principalmente entre pediatras, de que era recomendável esperar as amígdalas e adenoides diminuírem de tamanho, com o passar da idade, especialmente se a criança acometida fosse bem pequena. Isso caiu por terra e, se existe uma alteração cirúrgica, ela deve ser operada, não importando a idade. Na Medicina moderna, o que importa são as condições clínicas do paciente, e não quantos anos ele tem. Uma vez diagnosticada a doença e feita a indicação de cirurgia, quanto antes se operar, melhor.

Quando a cirurgia é inevitável, eu uso frequentemente a expressão "A questão não é se operar, e sim quando".

Época do ano

Não há qualquer correlação entre as estações do ano e o cenário ideal para um procedimento cirúrgico. Não se pode dizer que é melhor operar no inverno que no verão. Não há embasamento científico nessa afirmação. Essa pergunta é quase unanimidade entre os pacientes.

Emergência e urgência

Transparência e confiança. Não me canso de repetir, que é para não nos esquecermos dos princípios que devem nortear, em 100% do tempo, a relação entre o médico e seus pacientes e familiares. Mutualidade constante. Da mesma forma, não se deve superestimar ou subestimar a doença. E é por isso mesmo que o paciente deve ser informado sobre a verdadeira situação quanto à indicação de uma cirurgia.

Uma emergência é quando há risco iminente de morte do paciente. A urgência é uma situação quando se deve intervir o quanto antes, mas não coloca em risco imediato a vida do paciente. Já a cirurgia eletiva é aquele programada, recebendo esse nome porque se elege uma data para sua realização. As cirurgias de emergência e urgência costumam levar grande preocupação ao paciente e sua família. Apesar disso, contudo, devem ser encaradas como necessidades iminentes e não devem ser adiadas.

O pré-operatório

O pré-operatório é uma fase ao mesmo tempo delicada, importante e decisiva. Há algumas necessidades específicas no preparo para uma cirurgia em Otorrinolaringologia e algumas diferenças quando se trata de adultos e de crianças.

Pré-operatório em adultos e crianças

O preparo mínimo para cirurgias em adultos e crianças deve incluir alguns exames de sangue:

- Hemograma: para checar a quantidade de hemoglobina no sangue e se existe anemia ou não, afinal, nas cirurgias de otorrino, é prevista uma perda de sangue. Se o paciente já começar a cirurgia com anemia, a chance de uma piora significativa é maior após a perda de sangue natural e esperada da cirurgia.
- Glicemia de jejum: para avaliar um possível quadro de diabetes, pois, se estiver descompensado, há uma grande chance de má cicatrização ou demora excessiva desta.

- Coagulograma: esse é um conjunto de vários exames para avaliar a coagulação do paciente, ou seja, se o sangramento vai estancar no tempo adequado. Alterações na coagulação podem levar a complicações bastante graves, como hemorragias intraoperatórias ou pós-operatórias imediatas ou tardias.

Pré-operatório em crianças

Além dos exames citados anteriormente, que valem para adultos e crianças, eu tomo alguns cuidados adicionais em relação aos pequenos. Embora as *guidelines* internacionais não preconizem uma avaliação cardiológica, peço sempre uma avaliação cardiológica ou:

- Eletrocardiograma, que avalia o funcionamento do coração.
- Ecocardiograma com doppler colorido, que avalia a estrutura do coração.

Isso é importante, pois algumas crianças têm alterações anatômicas congênitas, que muitas vezes não aparecem no exame físico nem no eletrocardiograma. Já atendi uma criança em que diagnostiquei uma alteração no ecocardiograma pré-operatório e que se transformou, antes da cirurgia da garganta, em uma cirurgia do coração! A detecção da alteração foi exclusivamente devido ao exame pré-operatório.

Pré-operatório em adultos

Além do pacote básico de exames de sangue mencionado no início deste trecho, solicito, ainda que as *guidelines* internacionais não preconizem, uma avaliação cardiológica ou:

- Teste ergométrico, que avalia o eletrocardiograma em repouso e em resposta ao esforço físico. Esse teste também avalia a pressão arterial em repouso e esforço, bem como a recuperação desta aos níveis normais, uma vez cessado o esforço.

- Tomografia computadorizada ou ressonância nuclear magnética, qualquer que seja o tipo de cirurgia de nariz ou ouvidos, para uma avaliação estrutural detalhada, muitas vezes em regiões que o exame clínico ou outros simplesmente não "veem".

Para os meus pacientes com quaisquer queixas clínicas, alio a avaliação dos especialistas relacionados:

- Problemas no coração: cardiologista.
- Alterações nos exames de coagulação: hematologista.
- Problemas neurológicos: neurologista.
- Tratamentos psiquiátricos: psiquiatra.
- Diabetes: endocrinologista.

Em todas essas condições, o especialista deve orientar o paciente e seus familiares quanto aos seguintes fatores:

- Necessidade absoluta de manutenção de medicação nos períodos pré e pós-operatório.
- Orientação quanto à troca de medicações no intraoperatório e retomada no pós-operatório, como, por exemplo, em caso de diabéticos que tomam insulina ou pacientes que tomam anticoagulantes.
- Orientação sobre a necessidade prevista de transfusão de concentrados de hemácias, plasma fresco ou outros derivados de sangue.
- Esclarecimento sobre a necessidade de uma avaliação prévia (dias ou semanas antes da cirurgia) com o anestesista.

Ainda sobre a anestesia, vale ressaltar que todos os pacientes recebem a visita do anestesista também no dia da cirurgia, pois existe a necessidade de certeza de que, nesse momento, o paciente está apto a passar pelo procedimento. Alguns exemplos de alterações súbitas que podem suspender cirurgias são febre, tosse, chiado no peito, gripe ou resfriado, infecções agudas etc. Essa avaliação só pode ser feita no dia previsto para a cirurgia, e o paciente deve ser orientado a não sair do quarto, em hipótese alguma, sem que antes o anestesista tenha feito sua visita.

Nunca é demais lembrar

Não devemos economizar nos cuidados ao nos prepararmos para uma cirurgia. Por isso, relaciono abaixo alguns tópicos que sempre devem ser levados em conta:

- Nunca subestime alterações nos exames pré-operatórios, mesmo quando o laboratório não é de confiança do médico. Os médicos usam muito a expressão "laboratorite", o que sugere que o laboratório emitiu um laudo errado. Mas não há suposição: na dúvida, repita o exame em outro local.
- Nunca economize exames fundamentais. Mesmo que o paciente não tenha convênio ou não possa pagar por um laboratório particular, deve-se buscar alternativas e ter em mente que, no bom exercício da Medicina, nenhum fator externo é mais importante que a saúde do paciente.
- O termo de consentimento livre esclarecido é um documento importante, que descreve diversas questões relacionadas à cirurgia. Não é um

documento de grande valor legal, mas, mais do que isso, uma ferramenta de orientação.

- Independentemente da religião do paciente, sempre farei tudo o que puder para salvar sua vida. Essa é uma premissa fundamental para a minha atuação, por mais delicada que possa ser a situação. Caso o paciente ou seu familiar não concorde com essa postura, eu opto por não realizar a cirurgia. Recebo muitos pacientes religiosos que não permitem transfusão de sangue. Oriento e sempre orientei: não deixarei de transfundir se essa for a única alternativa para salvar a vida do paciente naquele momento.

- O paciente deve sempre acessar o site do Conselho Regional de Medicina (CRM) de seu estado e verificar a inscrição do cirurgião. Existem sim falsos médicos, em todos os níveis socioeconômicos. Buscar referências do cirurgião com outros pacientes, familiares e amigos que já passaram por cirurgia com esse profissional é sempre recomendável. As mídias sociais também podem auxiliar na hora de se certificar quanto à credibilidade do profissional, porém, nesse caso, deve-se tomar muito cuidado ao avaliar as fontes de informação. Existem muitos sites em que o paciente publica o que quer, sem critério nenhum, e isso pode denegrir injustamente a imagem de excelentes profissionais.

E se o paciente não quiser operar?

É frequente a situação em que o médico indica a cirurgia, mas o paciente ou seus familiares (em especial no caso das crianças) não querem operar. Geralmente isso ocorre devido a dois fatores principais: insegurança extrema por parte do paciente e/ou familiares e/ou falta de orientação e detalhamento quanto às fases da cirurgia, por parte do profissional de saúde.

Se o paciente está tranquilo em relação à situação, ele vai entender, naturalmente, que o procedimento cirúrgico só foi indicado depois do cumprimento rigoroso de várias etapas. Mas pode ser que, ainda assim, a insegurança permaneça – e nesses casos o que pesa é o fator emocional e, algumas vezes, a falta de vínculo entre o paciente e seu médico.

Há situações, ainda, em que o paciente necessita de um tempo para amadurecer a ideia de ir para o centro cirúrgico. O papel do cirurgião, nessas situações, é insistir nas orientações, orientar quanto às possíveis consequências da não realização da cirurgia ou mesmo do adiamento. Em última instância, quem decide operar é sempre o paciente – ou seus pais, se ele for menor. O médico é responsável por fornecer todas as orientações necessárias, mas não pode nem deve impor condutas. Da mesma forma, a segunda ou, até mesmo, a terceira opinião são bem-vindas.

Se, mesmo com todos os esclarecimentos, orientações e reforços quanto à necessidade de cirurgia, o paciente se recusar expressamente, o médico deve, então, aceitar sua decisão, descrever o caso detalhadamente no prontuário e oferecer um tratamento alternativo, mesmo que com pouco efeito. O médico deve ser, sempre, em qualquer circunstância, amigo do paciente, nunca se alterando psicologicamente quando a última palavra do paciente confrontar sua orientação. Acima de tudo, devemos compreender os seres humanos em suas essências, respeitando-as. Estar ao lado do meu paciente e ajudá-lo sempre são meus lemas diários.

Como escolher o médico

Tenho verdadeira fascinação por esse assunto. E é por isso mesmo que, apesar de já ter abordado a questão em outros pontos deste livro, volto ao tema e proponho alguns tópicos para reflexão.

Você confiaria em um médico...

... para ajudá-lo no emagrecimento, mesmo sendo obeso?

... que lhe mandasse parar de fumar, sendo fumante?

... que tratasse de sua estética, mas não cuidasse da própria aparência?

... que lhe parecesse inseguro quanto ao seu diagnóstico?
... que mal olhasse nos seus olhos?
... que lhe atendesse em dois minutos?
... que se irritasse com crianças na sala, especialmente se fosse uma delas a passar pela cirurgia?

Lembre-se: durante a cirurgia, você estará dormindo, totalmente entregue ao médico. Ou, ainda, ele é o profissional que vai cuidar do que é mais precioso para você – seu filho. Por essas e outras questões, seja criterioso, informe-se e, por que não, use a intuição e empatia ao selecionar o cirurgião.

Gosto de dizer que médico cirurgião deve estar sempre "de bem com a vida". E reforço sempre, por mais óbvio que seja: o médico é um ser humano e, como tal, tem suas necessidades. Por isso, tente imaginar como seria o comportamento do seu médico durante a sua cirurgia: ele vai estar calmo, concentrado e focado, bem-humorado e bem relacionado? Ou estará grosso, mal-educado com todos na sala, com pressa, fome e sede, cansado, inseguro do que vai fazer, inseguro com sua equipe, com relação aos materiais? O médico deve estar totalmente confortável no momento da sua cirurgia. Tranquilo, seguro, calmo e, principalmente, integralmente dedicado a você, de modo irrestrito! Por isso eu me cuido muito bem, pois somente assim poderei cuidar do meu paciente.

E depois da cirurgia: ele vai lhe dar a devida atenção? Vai deixar com você seus números de telefones e, mais importante ainda, atender se você ligar? É por essas e outras que afirmo: empatia não só funciona como é fundamental! Conversa na sala de espera com outros pacientes também funciona e pode lhe dar mais segurança ou mesmo respaldo à sua decisão por este ou aquele profissional.

Indo um pouco além: somente a faculdade que o médico cursou e o hospital onde ele fez a residência não são suficientes como aval para o cirurgião cuidar da sua saúde. Nada supera a dedicação individual e o interesse pelo estudo e aprimoramento, a realização constante de cursos e treinamentos, bem como o desenvolvimento de sua capacidade e habilidade manual... Sim, você leu corretamente, habilidade manual. A cirurgia é feita com as mãos do médico, lembra? Sempre comparei a cirurgia a uma arte!

Como escolher o hospital

Hospital é hospital. Hotel é hotel. Clube é clube. Não dá para confundir. Nem se deixar levar por uma decoração impecável, flores bonitas, recepção ampla e cheia de enfeites e um prédio suntuoso, por mais que isso cause boa impressão e gere bem-estar. O melhor hospital é aquele onde o médico se sente mais seguro. E é por isso que minha recomendação é que o paciente ou seus familiares procurem seguir a indicação do cirurgião – afinal, é ele quem sabe como funciona o centro cirúrgico de um ou de outro. Tem mais: médico é ser humano; se ele não gostar de determinado hospital, e você insistir que a cirurgia seja feita lá, saiba que as chances de ele estar (ou ficar), no mínimo, mal-humorado são grandes.

Se o paciente não tiver escolha e o plano de saúde direcionar o procedimento para um hospital diferente daquele indicado pelo médico, recomendo que o paciente procure ir até o hospital e conhecer as instalações antes da cirurgia, bem como pergunte claramente ao médico se ele se sente confortável nessa instituição, se ele confia na equipe de anestesia ou se ao menos conhece os anestesistas, os materiais cirúrgicos, o vídeo, o microscópio e todos os materiais necessários do local.

Se o paciente tem direito a várias opções de hospital, ao meu ver, ele deve:

- Deixar o médico decidir em qual operar.
- Não se apegar a fatores como a distância. Não dá para recusar excelentes hospitais porque "são longe de casa".

- Não se apegar ao "nome". Há grandes hospitais com o nome superconhecido e comentado, mas que, verdadeiramente, pouco têm a oferecer. Sim, foi isso mesmo que você leu.

Hospital de otorrino, geral ou clínica

O melhor lugar para a realização de cirurgias de ouvido, nariz e garganta é o hospital geral. De qualquer forma, saiba um pouco sobre as vantagens e desvantagens de cada uma das alternativas.

Hospital de Otorrino

O hospital especializado em Otorrinolaringologia sempre tem um otorrinolaringologista de plantão. No centro cirúrgico, se necessário, o médico pode sempre contar com a opinião de outros otorrinos. A equipe de anestesistas está muito acostumada com esse tipo de procedimento, que tem características anestésicas muito peculiares.

Apesar dessas vantagens, é importante ressaltar que os hospitais especializados raramente têm uma estrutura completa e funcional, com UTI em plenas condições de atender um paciente em caso de necessidade (muitos têm UTI "de fachada", mas que em caso de necessidade simplesmente não funciona). Além disso, não há especialistas de outras áreas, como neurologistas, cardiologistas, pediatras e oftalmologistas – e, se houver uma complicação, não raro o paciente tem que ser transferido para outro hospital. Da mesma forma, o time de enfermagem, habituado somente a casos nessa especialidade, pode não ter o traquejo necessário ou a experiência para atuar em uma complicação grave. Por fim, via de regra, o banco de sangue é externo e gerenciado por uma pessoa só, que atende, simultaneamente, vários hospitais. Isso frequentemente gera uma demora extrema para uma necessidade iminente.

Hospital geral

É no hospital geral onde me sinto mais seguro e confortável para operar meus pacientes. Aí, há preparo para todos os tipos de complicações ou intercorrências, especialistas das diversas áreas presentes no dia a dia, centro cirúrgico e equipes de enfermagem preparados para casos de alta complexidade, bem como times multidisciplinares presentes e com a possibilidade de atuação imediata – Fonoaudiologia, Psicologia, Terapia Ocupacional, Nutrição, Farmácia, Engenharia Clínica etc. Isso para não falar dos exames, mesmo os mais complexos, com disponibilidade para realização imediata, sem necessidade de transporte externo: tomografia, ressonância nuclear magnética, ultrassonografia, exames de sangue e muitos outros.

As desvantagens são: geralmente não há otorrinolaringologista presente todo o tempo e a enfermagem é mais generalista, não preparada especialmente para atendimento nessa especialidade. Mas são pequenos detalhes que não são decisivos.

Clínica ou day clinic

Em geral, a estrutura de uma clínica ou *day clinic* não está apta para casos de alta complexidade. Não costuma haver estrutura de UTI para transferência imediata. A equipe de médicos e enfermeiros é enxuta e restrita. Custos menores, riscos maiores. Motivo pelo qual não recomendo esse tipo de instituição para a realização da grande maioria das cirurgias e nenhuma com anestesia geral.

Orientações pré-operatórias

Não basta escolher um bom médico, selecionar o hospital mais adequado e fazer todos os exames. Para a tranquilidade de pacientes e familiares na hora da cirurgia, é muito importante que o profissional de saúde oriente todos os envolvidos de forma ampla e detalhada, desde o momento em que é marcada a cirurgia até o dia da internação e a chegada ao centro cirúrgico.

Geralmente, a cirurgia é um fato novo na vida do paciente, e o médico não pode simplesmente assumir que o paciente sabe como tudo isso funciona. A ansiedade do paciente, seus familiares e amigos é grande. Mas, com algumas medidas relativamente simples, pode-se vivenciar esse período de maneira mais tranquila. Pensamento positivo, energia física e mental voltadas para o sucesso da cirurgia são pontos importantes. Além disso, no meu "pacote de dicas", oriento o paciente, nos dias anteriores à cirurgia, a:

- Preservar-se contra a friagem.
- Evitar cansaço físico ou mental extremo.
- Cuidar da alimentação.
- Evitar a influência daquele familiar ou amigo que é sempre "do contra".
- Pensar somente em coisas boas.
- Preparar-se psicologicamente para os sintomas do pós-operatório, como dor, sangramento etc.
- Comprar com antecedência os remédios que serão utilizados no pós-operatório, para não correr o risco de não encontrá-los na farmácia no dia da alta.
- Se indicado, comprar sorvete, que ajuda no período pós-operatório. Se for a criança a ser operada, deixe-a escolher os sabores.

- Evitar alimentos com alho, pois podem alterar a coagulação.
- Evitar alimentos pesados e com muitos temperos.
- Evitar medicações com ginkgo biloba, pois podem alterar a coagulação.
- Evitar tomar ácido acetilsalicílico e todas as medicações que o contenham em sua formulação. Muito cuidado com esse ponto. Às vezes, familiares, avós ou cuidadores dão o remédio sem saber disso. Deixe todos avisados.
- Evitar tomar calmantes na véspera da cirurgia, pois poderá haver efeito residual no dia seguinte, com a possibilidade de se somar à medicação anestésica, gerando uma sedação acima do normal, inesperada e até incompreendida pela equipe médica (se não for previamente informada à equipe).
- Entender que jejum significa jejum absoluto, o que inclui o consumo de água. Fique atento, pois crianças podem "escapar" durante a manhã e tomar leite ou água escondido. Pode-se escovar os dentes no dia da cirurgia, mas deve-se evitar beber água. O jejum somente pode ser quebrado devido à tomada de medicações autorizadas pelo médico, especificamente e sempre com pouca água.
- Ficar em casa descansando na véspera da cirurgia é o ideal. Jovens não devem ir para a balada um dia antes da operação.

A atitude dos pais e familiares com a criança que vai passar por uma cirurgia faz toda a diferença. Os conselhos que sempre passo aos pais e parentes de meus pequenos pacientes são:

- Dizer à criança tudo o que será feito, sempre falando a verdade. Pode-se amenizar a fala, mas é preciso ser transparente e falar tudo, com detalhes.
- Explicar que vai ter dor, mas que vai passar rápido. "A mamãe vai ficar do seu lado" ou "Você vai tomar muito sorvete" são frases carinhosas e que fazem bem à criança.
- Contar à criança o motivo da cirurgia. Eu ajudo bastante nessa hora. Para você ter uma ideia, veja como é minha conversa com o pequeno no caso de cirurgias de amígdalas e adenoides:

  "Vem aqui, dá a volta na mesa e fica do meu lado. Agora o que vou falar é tudo verdade e nada é brincadeira, preste bastante atenção. Sabe, tem uma carninha ruim no seu nariz e na sua garganta. Essas carnes fazem muito mal, elas não fazem bem. Tem que tirar. Não vai ser agora, nem aqui. Vai ser outro dia, no hospital. Lá no hospital, tem uma salinha antes da sala de cirurgia, e a mamãe fica com você até essa salinha, depois você vai lá para dentro. A mamãe vai junto com você, mas na hora de entrar na sala de cirurgia a mamãe não vai poder entrar, só que eu estarei lá para brincar com você. Você vai dormir e não vai ver nada, nem sentir nada, tudo vai ser feito enquanto você estiver dormindo, pode confiar em

mim. Quando acordar, já acabou a cirurgia. Aí, adivinha quem vai estar do seu lado? A mamãe! No mesmo dia você vai para casa, de tardezinha, nem vai precisar dormir no hospital. Pode ser até que você ganhe um presentão quando chegar à sua casa! Fique tranquilo, porque no hospital ninguém vai maltratar você. Todos estarão lá para ajudar você, todos vão gostar muito de você. Mas eu tenho duas notícias para te dar agora: uma notícia boa e uma notícia ruim. Preciso falar as duas. Qual você quer ouvir primeiro? A notícia ruim é que dói a garganta depois da cirurgia, quando você acordar, mas passa logo. A notícia boa é que você vai tomar muito sorvete, iogurte, gelatina, pudim e tudo que há de bom! Hum, que delícia, né? E eu sei que tudo vai dar certo e você vai ser um grande campeão. O tio que vai fazer tudo e vou ficar com você o tempo todo."

O médico também tem suas obrigações no pré-operatório:

- Passar muita confiança para o paciente.

- Passar no quarto do paciente, antes da operação, no dia da cirurgia. Conversar com ele e sua família ajuda a tranquilizá-los. Lembrar que o paciente não conhece o hospital e que o médico será a única referência.
- Levar sempre palavras e atitudes de confiança e de desejo de sucesso.
- Em cirurgias em que há lateralidade (por exemplo, ouvido direito ou esquerdo), o médico deve, obrigatoriamente, antes da cirurgia, no quarto do paciente, marcar o local da cirurgia com uma caneta especial, fazendo um grande "X" ou uma seta no lado certo. Lembrar que, muitas vezes, o paciente chega sedado à sala de cirurgia e não consegue conversar para confirmar o lado do procedimento. Esse procedimento, além de fazer com que o paciente se sinta mais tranquilo, segue regras internacionais de segurança cirúrgica.
- Levar o termo de consentimento para a cirurgia, no dia, logo antes do procedimento. Orientar o paciente e seus familiares de que se trata de uma autorização para que a cirurgia aconteça. Essa também é uma regra de segurança internacional.

Como são as cirurgias

Fases preparatórias concluídas, chegou o dia da cirurgia. Já se sabe que o procedimento é necessário e que, se correr tudo bem, alguma coisa vai melhorar depois da operação. Mas o que acontece depois que o paciente deixa o quarto, deixando familiares ansiosos e apreensivos, na mesma proporção do alívio sentido quando volta para o quarto? É justamente sobre isso que vou falar neste capítulo. Afinal, informação nunca é demais, ainda mais quando é a saúde de alguém que está em jogo.

A importância do time out

Na sala de cirurgia, é fundamental que se realize o *time out*. Trata-se de um procedimento padrão ouro internacional de segurança. Um enfermeiro confere os dados do paciente e checa se são iguais aos da pulseira: nome e número de registro. Ele pergunta se o médico é aquele determinado para fazer a cirurgia. Pergunta se todos os materiais estão na sala e se estão "ok". Pergunta ao anestesista se todos os materiais e medicamentos que ele utilizará estão na sala e se estão "ok". Ele também confere e deixa todos na sala cientes se o paciente tem alguma alergia. É conferida qual cirurgia está para ser realizada.

A não ser em emergências, o cirurgião nunca deve ter pressa e deve fazer o *time out* de qualquer forma. Infelizmente, apesar da importância desse procedimento, pouquíssimos hospitais o fazem e a recusa maior é dos próprios médicos, que acham bobagem coisas como perguntar o nome do cirurgião etc.

Trabalho em equipe

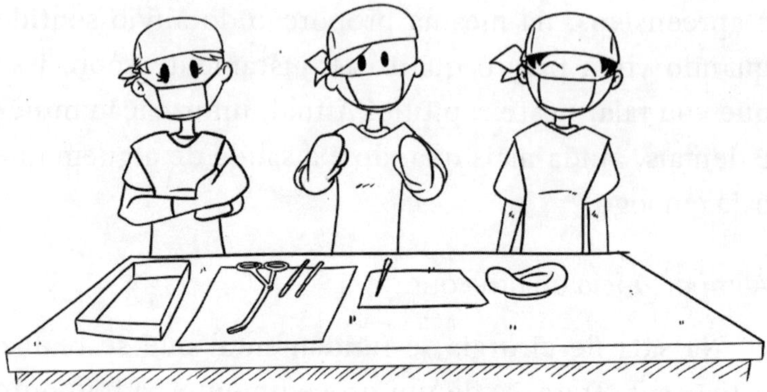

Depois do *time out*, o primeiro passo é explicar, mais uma vez, a cirurgia ao anestesista: qual cirurgia será feita, qual sonda de intubação (tipo e tamanho) será melhor nesse caso específico, quais antibióticos preventivos e que outras medicações serão utilizados no intraoperatório (ou seja, durante a cirurgia), quais as medicações que não poderão ser utilizadas nem no intra nem no pós-operatório, se o paciente tem alergias, qual o período previsto para a duração do procedimento, se vão ser necessários procedimentos como profilaxia de trombose, uso de manta térmica, monitorização do cérebro ou das fibras musculares, em que posição o paciente vai ficar durante a cirurgia e se serão necessárias mudanças de decúbito (mudança do grau de inclinação da maca) e em que grau.

O cirurgião também vai orientar o anestesista sobre a posição em que vai ficar e onde deverão ficar os aparelhos a ser utilizados (microscópio, vídeo, cautério, aspiradores, motores, equipamentos especiais etc.), a posição dos braços e pernas do paciente e, por fim, a posição os aparelhos de anestesia. Por aí já dá para ter uma ideia da importância da relação entre o médico e o anestesista, que deve ser pautada pela confiança mútua e por um clima cordial e amigável.

Em seguida, o médico solicita ao circulante de sala que deixe prontos todos os medicamentos, materiais, fios, hemostáticos (remédios para ajudar na coagulação), próteses e outros itens que serão usados. É o médico quem orienta onde vão ficar esses materiais e os equipamentos.

Eu costumo preparar tudo antes do início da anestesia. Materiais cirúrgicos, medicamentos que devem estar na mesa de cirurgia, fios de sutura, cautérios, microscópio com a capa colocada. Também preparo e corto os hemostáticos, revejo o prontuário e os exames do paciente, reconfirmo a cirurgia programada com detalhes, coloco as imagens de tomografia nos negatoscópios (aparelhos que ficam na parede para visualização dos exames), verifico se todas as próteses necessárias estão presentes e confiro se são exatamente as solicitadas, enfim... tudo! Tudo deve estar pronto de tal forma que, quando o anestesista entregar o paciente, não seja necessário o paciente anestesiado ficar aguardando o cirurgião ou o instrumentador montar a mesa. A depender do tipo de procedimento, como cirurgia de ouvido, por exemplo, eu levo entre 30 e 45 minutos para todo esse preparo. De qualquer forma, paciente entregue pelo anestesista implica em início imediato do procedimento.

Chega, então, a hora da anestesia. Eu nunca permito que o anestesista inicie o processo anestésico sem que, antes disso, eu esteja ao lado do paciente e lhes diga palavras de sucesso. A referência dentro do hospital e dentro da sala de cirurgia é o seu médico. Estar ao lado do paciente gera um conforto e considero essa conjunção fundamental.

Em adultos

Tudo começa com o acesso venoso. Este deve estar muito bem fixado, ser testado e estar fluindo perfeitamente. Depois disso, o coração passa a ser monitorizado, por meio de diversos eletrodos. O aparelho de aferição de pressão é colocado, com o manguito de tamanho adequado ao braço ou à perna do paciente – de tempos em tempos, em intervalos pré-programados, a pressão vai ser checada. O paciente deve sempre descruzar as pernas, para evitar lesões nos pés; deve estar totalmente despido e sem nenhum tipo de aliança nos dedos, anéis, esmalte de unha ou cabelo molhado. Nesse momento também é feita uma verificação no paciente, para checar se ele já entra na sala de cirurgia com algum ferimento, arranhão, corte ou quaisquer alterações. Tudo isso é anotado no prontuário.

Em crianças

Dependendo da idade da criança, em geral até os cinco ou seis anos de idade, a anestesia começa com a indução inalatória, ou seja, o paciente recebe uma máscara, e a inalação do gás vai induzir o começo da anestesia. Muitas crianças não colaboram e é necessário segurá-las. Os pequenos não se lembrarão de nada, pois os medicamentos pré-anestésicos causam amnésia poucos minutos depois da administração. Depois que a criança dorme é que se localiza a veia, para evitar qualquer trauma com ela acordada. Muitas têm veias bem pequenas e é necessário tentar várias vezes. Esse é um dos motivos pelos quais se faz a criança dormir antes.

O momento em que se inicia a cirurgia é muito tenso e de enorme dedicação de todos os que estão na sala. Costuma-se dizer que uma anestesia é como um voo de avião: os momentos de maior risco e apreensão são a decolagem e a aterrisagem, ou seja, a indução da anestesia e o despertar do paciente no final da cirurgia. Todos devem estar atentos, pois, em caso de necessidade, todos deverão colaborar instantaneamente. Feita a intubação, o time fica mais tranquilo, pois a via respiratória acessível é fundamental.

Uma vez intubado o paciente, o anestesista posiciona seus equipamentos, confere todos os parâmetros e as conexões, os eletrodos, o manguito de pressão, o oxímetro (aparelho para medir continuamente o oxigênio sanguíneo), medidor de gás carbônico etc. Somente depois da confirmação de que tudo está correndo conforme o esperado o anestesista libera o paciente para o cirurgião.

Chegamos à "velocidade de cruzeiro", ou seja, à cirurgia em si.

A primeira ação do cirurgião é a assepsia - conjunto de técnicas para evitar a infecção do sítio cirúrgico, diferente da antissepsia, que é a desinfecção do local da cirurgia. Assepsia é lavar as mãos conforme protocolos internacionais, não tocar em nada e não permitir ser tocado, utilizar constantemente luvas, avental, máscara e gorro etc. Já a antissepsia compreende a utilização de uma substância para esterilizar o local da cirurgia, geralmente clorexidina aquosa ou alcoólica ou iodo povidine (a menos que o paciente seja alérgico a iodo).

Depois disso, o cirurgião coloca campos cirúrgicos estéreis, que são um tipo de tecido, deixando aberto o local da cirurgia. Então, o paciente é posicionado, de acordo com o tipo de cirurgia: ele pode ficar na posição horizontal, em decúbito elevado (com as costas altas), em decúbito lateral (deitado de lado) etc. Feitas todas as conexões dos equipamentos do cirurgião, inicia-se a operação.

Geralmente, a cirurgia ocorre em um clima de muita harmonia e cordialidade entre toda a equipe, com profissionalismo, é claro. Contudo, o cirurgião deve estar preparado para equipes inconstantes e para manter sua concentração e seu foco exclusivamente no paciente. Além disso, é importante ressaltar que o cirurgião é o responsável por todos que estão na sala – mesmo que alguém cometa algum erro, ele é o responsável.

Além do cirurgião, outros integrantes do time permanecem na sala:

- Médicos auxiliares, que ajudam em diversos momentos da cirurgia.
- Instrumentador, para passar os instrumentos ao cirurgião.
- O enfermeiro padrão faz o *time out* e, depois disso, pode sair da sala.
- O circulante de sala é responsável por prover todas as necessidades do cirurgião, como fios de sutura, gazes, compressas, algodão, soro fisiológico, seringas, agulhas, medicamentos etc.
- A engenharia clínica pode ou não estar presente, para ajustar o microscópio, o vídeo, o laser e os materiais especiais.
- A presença do auxiliar de equipamentos especiais é opcional, mas fortemente recomendável. Ele contribui com o manejo de equipamentos como *shaver*, neuronavegadores, motores de mastoide,

coblation, *laser* etc. Esses são exemplos de materiais especiais para diversos tipos de cirurgias.

O anestesista sempre fica na sala de cirurgia, enquanto durar, em todas as operações que realizo. Trata-se de um procedimento de segurança máxima, para que tudo corra bem. Caso haja qualquer intercorrência, a intervenção do anestesista deve ser imediata, permitindo, assim, que uma correção precoce evite complicações. Essa posição nunca pode ficar descoberta.

Medidas de segurança

Outra medida que contribui com o bom andamento da cirurgia é um quadro na parede, com diversas informações sobre o caso. Trata-se de uma medida de segurança que, além de identificar os participantes do procedimento, facilita a comunicação, permitindo, entre outras coisas, que o cirurgião chame o circulante da sala pelo nome. Nesse quadro, devem constar, entre outras, informações como:

- Nome do paciente.
- Idade do paciente.
- Número do prontuário.
- Número do aviso de cirurgia.
- Leito de internação.
- Se tem alergias ou não e quais são.
- Nome do cirurgião.
- Nome dos médicos auxiliares.

- Nome do instrumentador.
- Nome do profissional responsável por materiais especiais.
- Antibiótico de utilização no intraoperatório.

Sempre que se retira algum material do ser humano, este deve ser enviado para análise anatomopatológica, um exame que determina o tipo de tecido, suas alterações e, em caso afirmativo, se são benignas ou malignas. É importante que esse material, ao ser retirado, seja imediatamente colocado em frascos adequados.

Curiosidade

O que ocorre além do que descrevi aqui não tem tanta importância quanto a integração da equipe, o bom funcionamento dos equipamentos e o foco total no paciente. Existem médicos que gostam de ouvir música (não é o meu caso), tem médico que deixa ligado o "bip" do aparelho de anestesia. O clima na sala de cirurgia dependerá muito do perfil do cirurgião. Eu prefiro a conversa à música e costumo discutir o caso que estou operando com o médico auxiliar ou o médico anestesista.

Orientações pós-operatórias

Ufa, acabou a cirurgia. Mas os cuidados não param por aí. Da mesma forma que no período pré-operatório, quanto mais informações o médico fornecer ao seu paciente e familiares, melhor a compreensão do que está acontecendo, do que está para acontecer e, principalmente, o que não pode acontecer.

Para começar, o paciente nunca deve ter alta ou voltar para casa sozinho. Se possível, o ideal é que ele volte para casa de carro – dirigindo, nem pensar! –, e o motorista deve ir devagar, pois em cidades com as vias muito esburacadas cada solavanco pode intensificar a dor. Falando em dirigir: uma semana sem pegar no volante após a cirurgia é minha orientação padrão mínima.

O paciente deve estar ciente de que o corpo ainda sente os efeitos do processo cirúrgico, mesmo depois da operação, e que pode haver:

- Dores, que podem variar de intensidade, de 0 a 10, sendo 0 = nada de dor e 10 = dor insuportável.
- Sangramentos, que podem ser normais ou anormais, dependendo da intensidade e do período que durarem. São muito comuns após cirurgias de nariz.
- Alterações da voz, principalmente nos primeiros dias, podendo ficar anasalada, fanhosa, rouca etc.
- Efeitos colaterais dos medicamentos.
- Febre, e o médico deve dizer se é normal ou não, a partir de quantos graus e quando se deve medicar.

Outros pontos importantes e que devem ser esclarecidos pelo médico são:

- Dieta: deve ser explicada com detalhes, como deve ser durante cada período do pós-operatório.

Não somente o tipo de comida, mas sua temperatura também.

- Retorno: o paciente e seus familiares devem ser informados quanto à data e hora de voltar ao consultório médico.
- Contato: o cirurgião deve sempre fornecer os telefones de contato, seus e/ou da equipe. O paciente não pode ficar sem referências.
- Visita: como citei anteriormente, não recomendo visitas desnecessárias na casa do paciente durante a primeira semana. Já tive um caso de uma paciente que tinha operado o nariz e, ao se entusiasmar no bate-papo com as amigas que a visitavam, começou a gargalhar com as piadas e teve um sangramento acima do esperado. Se a visita for inevitável, peça que não leve flores (o pólen pode gerar crise de alergia) – muito melhor se puder distrair o paciente com palavras positivas, de consolo e conforto.

O *repouso* é um caso à parte. Sempre disse que o repouso é o melhor e mais antigo tratamento médico da humanidade. Cabe ao médico dizer exatamente se pode ou não pode dirigir carro, subir e descer escadas, sair de casa, andar sob o sol, caminhar, praticar sexo e trabalhar (especificando o tipo de trabalho). Dependendo da ocupação, a volta ao trabalho pode ser permitida mais cedo. Em outros casos, contudo, o retorno precoce às atividades profissionais não só não é recomendado como pode causar problemas no pós-operatório.

Um exemplo comum é quando engenheiros ou arquitetos passam por cirurgia de nariz. Se trabalham em obras, é preciso esperar algum tempo antes que se exponham novamente à poeira, tinta, serragem, malha de ferro, fumaça de caminhão ou fumaça de solda, situações típicas nesses ofícios. As pessoas que trabalham em ambientes com ar-condicionado durante todo o tempo também devem ser bem orientadas pelo médico.

Idosos e adolescentes devem receber orientações especiais no pós-operatório. Adolescentes sim, pois costumam ser rebeldes e resistir aos procedimentos necessários – não têm paciência com a recuperação, com a dor e comumente ficam irritados com os pais, os irmãos. Já para os idosos, é fundamental a presença de um familiar nos dias seguintes à cirurgia, para todo o suporte durante a recuperação – o ideal é que, nas duas semanas seguintes ao procedimento, ele tenha a companhia de parentes ou vá para a casa de alguém que possa lhe dar os devidos cuidados e atenção, naturalmente a depender do tipo de cirurgia.

Há uma frase que sempre digo: "ninguém se arrepende do excesso de cuidado, mas pode se arrepender da falta...". Então, todo cuidado é pouco e, seguindo as orientações, tudo será um verdadeiro SUCESSO!

7

POLÊMICAS

Como entender o que o médico fala?

Cumplicidade ilimitada

TRANSPARÊNCIA, RESPEITO, CONFIANÇA. A relação médico-paciente deve ser pautada por valores como esses e, sempre, caracterizar-se pela cumplicidade ilimitada! No consultório, quando está em pauta o bem mais precioso do paciente e a razão de existir do médico – a saúde –, não pode haver meias palavras nem constrangimento. Não entendeu as orientações do médico? Diga

isso a ele. Ainda não ficaram claras? Pergunte de novo. Repetir e até mesmo simplificar as orientações, quanto for necessário, é obrigação do profissional de saúde. Vou dizer com conhecimento de causa e assumindo minha "culpa": médico gosta de usar termos técnicos e falar difícil. Mas precisa reconhecer essa limitação e empenhar-se em se fazer entender pelo paciente e seus pais ou familiares.

Letra de médico

Salvo exceções, letra de médico é tão difícil de entender quanto os tais termos técnicos que o doutor fala na consulta. Por isso, e para não correr o risco de chegar à farmácia e nem mesmo o balconista entender o que está escrito, leia a prescrição ou receita médica ainda no consultório e, caso necessário, peça ao profissional de saúde que a reescreva de maneira legível.

Paciente pode ler exames?

De quem são os exames?

Os exames pertencem ao paciente, e não ao médico. Motivo pelo qual o paciente pode, sim, ler seus exames. É claro que o médico é o profissional habilitado para interpretar os resultados dos exames. É claro também que os exames por vezes são fundamentais para que o médico chegue ao diagnóstico e inicie o tratamento. Ele pode até ficar com uma cópia para anexá-los ao prontuário e é comum pegá-los emprestados para analisá-los mais profundamente sozinho ou com um colega, por exemplo, mas tem que devolvê-los.

E o Dr. Google?

Consultando o médico virtual

Ferramentas de pesquisa na Internet como o Google, já carinhosamente apelidado de "Dr. Google", são muito malvistas na comunidade médica. Eu, no entanto, *sou totalmente a favor*. O paciente pode e deve pesquisar informações sobre sua saúde, ler, informar-se e se preparar para a consulta ou para o retorno com o médico. E é dessa forma que a busca na web deve ser encarada: como um subsídio de discussão, e não, obviamente, como um diagnóstico sobre o caso.

Vídeos, grupos de discussão, artigos médicos ou de veículos de imprensa. Há muita informação de qualidade na Internet. Da mesma forma que existem conteúdos nem um pouco confiáveis. Recomendo que meus pacientes pesquisem e que usem o bom senso na hora de selecionar os conteúdos, considerando apenas os que vêm de fontes reconhecidas pela seriedade e credibilidade. Entretanto, o mais importante é discutir livremente e abertamente com o médico as informações. Juntos, médico, paciente, familiares e amigos. Sempre juntos!

WhatsApp: uma poderosa ferramenta de auxílio ao médico

É inegável que a tecnologia da comunicação põe o paciente quase lado a lado com o médico, esteja onde estiver no globo terrestre. Eu tenho usado muito a conectividade digital para acompanhar pacientes em diversas situações, algumas das quais eu vou descrever a seguir. Obviamente, nunca é demais insistir que nada no mundo substitui a consulta médica. Tais ferramentas são ajudas e podem sim direcionar quadros clínicos que estejam em pleno controle e conhecimento do médico. Jamais, portanto, substituem quaisquer avaliações individuais.

Minha prática diária é acompanhar cada paciente com uma interação bastante saudável. Quadros agudos que necessitam de medicação imediata, como por exemplo uma infecção de garganta ou uma sinusite em uma criança.

Após a prescrição e orientações, costumo pedir as seguintes informações aos pais sobre o seguimento do tratamento:

- A criança tomou o remédio?
- Rejeitou?
- Está difícil tomar?
- Cuspiu ou vomitou parte ou todo remédio?

- O paciente não consegue tomar o comprimido inteiro: pode quebrar no meio ou amassar?
- Esqueceram a hora certa de administrar?
- Não encontrou o medicamento prescrito?
- O vidro caiu no chão e quebrou?
- Dúvidas de quando encerrar o tratamento, pois a receita não está em mãos no momento de uma viagem?
- Esqueceu de dizer que toma um remédio de uso contínuo e não sabe se pode associar com o medicamento prescrito?
- Ocorreram situações que podem ser efeitos colaterais?
- Alguma reação de pele que pode ou não ser configurada como alergia?
- O número de comprimidos ou solução na embalagem que comprou não dá para o tratamento integral, mas falta só um dia?
- Encerrou o tempo prescrito, mas ficou algum sintoma que não sabe se é residual normal ou se ainda é necessário prorrogar o tratamento?
- Durante o tratamento algum sintoma sugere que pode ser necessário aumentar ou diminuir a dose?
- Pode encerrar o tratamento antes do prazo inicialmente prescrito?

E... a mais famosa pergunta, a grande campeã: "Posso tomar só uma cervejinha ou um gole de vinho?"

Como se vê, são inúmeras situações bem típicas de dúvidas que seriam impossíveis ou muito difíceis de tirar imediatamente com seu médico. E a comunicação imediata por mensagem facilita e tranquiliza a todos.

Outra situação muito importante é o envio de vídeos ou de fotos para ajudar no raciocínio médico para o acompanhamento. Certa vez tive um pequeno paciente que iria viajar nos próximos dias para fora do Brasil. Iniciou um quadro leve de tosse, mas sem necessidade de prescrição imediata de antibiótico. Pois bem, tratei e orientei os pais a levarem na viagem alguns medicamentos. Alguns dias depois, a mãe liga do exterior e fala que a criança piorou do quadro e que a tosse estava muito intensa. Como eu já tinha o parâmetro do diagnóstico inicial, eu pedi à mãe que gravasse um vídeo e enviasse por WhatsApp. Logo ao receber o vídeo eu cheguei à conclusão de que o diagnóstico inicial manteve-se o mesmo, mas com real piora. Então, pedi que medicasse com o kit que levou para possível piora. A criança foi tratada e resolveu logo a sua tosse! Aproveitou mais a viagem, e os pais também. Tranquilizamos todos e tudo sob controle total.

Outra situação bastante comum é de pós-operatórios. Vejam o quanto a comunicação ajuda! Uma jovem foi por mim submetida a uma cirurgia nasal, a qual todos sabemos que gera um sangramento nasal nos primeiros dias que é bastante normal para o momento. Pois bem, a paciente ligou e disse que estava em dúvida se o sangramento estava sendo normal ou fora do normal, pois ela em si não tinha nenhum parâmetro. Pedi então que enviasse fotos e vídeos para ilustrar o grau de sangramento. Vi e notei que precisaria sim de uma consulta imediatamente. Orientei que fosse ao hospital onde foi operada e eu iria lá para atendê-la e verificar pessoalmente, pois eu fiquei em dúvida da normalidade ou não do quadro, uma vez que aparentava ser mesmo um sangramento excessivo.

Portanto, o uso da ferramenta de comunicação digital ajuda muito o médico e o paciente a direcionar quadros conhecidos e tirar dúvidas, acalmando e aliviando ansiedades que persistiriam por algum tempo. Sem substituir a consulta pessoal também é possível sim ajudar o paciente e a família!

O que é doença aguda e crônica?

Duração ou gravidade?

Essa é uma dúvida bastante comum. Geralmente, as pessoas pensam que o quadro agudo é mais grave. No entanto, a distinção entre doença aguda e crônica não se refere à gravidade, e sim ao tempo de evolução. A doença aguda dura até doze semanas ou três meses. Se os sintomas permanecerem após esse período, ela passa, então, a ser crônica, podendo perdurar meses, anos ou, até mesmo, a vida toda. É muito comum que as pessoas procurem ajuda médica somente na fase aguda de muitas doenças - sendo um grande número das que acometem ouvido, nariz e garganta. Porém, é tão ou mais importante consultar-se com o especialista fora da crise aguda. Isso pode, inclusive, impedir que se instale um quadro crônico, muitas vezes de difícil tratamento.

Qual a diferença entre inflamação e infecção?

Aqui está um assunto bastante comentado e com frequência mal interpretado pelas pessoas.

Chamamos *inflamação* toda resposta do corpo a quaisquer tipos de agressões. Tais agressões podem ser traumas (batidas, coceiras mais fortes, beliscões, socos, pontapés etc.), cortes, queimaduras (por líquidos quentes, metais ou até queimadura por exposição ao sol) ou alergias (todos os tipos, respiratórias, alimentares, químicas, medicamentosas, picadas de insetos etc.).

Já na *infecção* sempre existe um agente micro-organismo como bactérias, vírus, fungos, protozoários ou parasitas (nesse caso chamamos especificamente de "infestação", mas em linhas gerais vamos considerar para fins de entendimento como a mesma coisa). Esses micro-organismos, no caso de bactérias, podem penetrar no organismo ou até ser bactérias normais do corpo, mas que se propagam de forma anormal em caso, por exemplo, de uma queda de imunidade.

As infecções por vírus são as mais comuns do sistema respiratório. Os vírus se replicam rapidamente e invadem os tecidos com uma facilidade enorme. Especialmente se o organismo estiver debilitado: se tomou friagem, má alimentação, sono não reparador, cansaço excessivo, estresse etc. Os vírus podem se tornar grande problema, pois podem facilitar a infecção por bactérias.

A *inflamação* não é tratada com antibióticos. Muitíssimas vezes as pessoas sentem quadros cuja diferenciação entre inflamação e infecção se torna difícil, especialmente nos quadros bem iniciais. Uma febre em um quadro inicial, por exemplo, não quer dizer uma infecção com certeza. É apenas indicativo de que o corpo está reagindo a uma agressão, seja esta com micro-organismos invasores ou não.

A *infecção* causada por bactérias frequentemente é tratada com antibióticos, mas nem sempre. Muitas vezes, se o quadro é detectado bem no início, outros tratamentos gerais podem sim surtir efeito, a depender da resposta do corpo. Assim como fungos também.

Portanto, a diferenciação entre *inflamação* e *infecção* pode ser difícil, e o médico deve sempre ser consultado para tirar a dúvida e para que a pessoa não seja submetida a tratamentos sem necessidade.

INFLAMAÇÃO	**INFECÇÃO**
Resposta do corpo a qualquer tipo de agressão (trauma, corte, exposição ao sol, picada de insetos, alergias etc.).	Resposta do corpo quando a agressão é causada por vírus, bactérias, fungos ou por outros micro-organismos.
Não melhora com antibióticos.	À exceção dos vírus, pode ser tratada com antibióticos.
Nem toda inflamação tem infecção.	Toda infecção é acompanhada de inflamação.

E se o médico errar?

Uma pausa para uma difícil reflexão...

Errar é humano. Os médicos são seres humanos. Sendo assim, podem errar também, certo? Impossível resumir dessa forma uma questão tão polêmica. Não é como diz o ditado popular "simples assim". Afinal, o que está em jogo aqui é a saúde e a vida de outro ser humano. Isso sem contar as questões éticas e legais que também entram em cena quando se trata desse tema.

Dito isso, gostaria de compartilhar minha visão sobre o tema. Primeiramente, ressaltando que o resultado do trabalho médico decorre de um complexo de fatores, que envolvem:

- Sua formação como pessoa: formação espiritual, educação de berço, se é ou não um ser doador, carinhoso, companheiro, amigo, amoroso, educado e cortês, empenhado, dedicado, focado, paciente, emocionalmente estável, de dedicação ilimitada, sem preconceitos etc.
- Sua visão e postura sobre o ser humano.

- O quanto age como ser humano e quanto trata o próximo como ser humano, e não como número de prontuário.
- Sua história de vida.
- Sua formação educacional básica – faculdade e residência.
- Sua formação complementar.
- Seu grau de comprometimento e dedicação pessoal com o paciente.
- O quanto o médico é transparente e sincero com as suas opiniões e condutas.
- Se tem habilidade manual, especialmente cirurgiões.
- No momento do atendimento, seja consulta ou cirurgia, se o médico consegue eliminar os fatores externos e focar exclusivamente no atendimento.
- Se ele leva em conta, na hora do atendimento, fatores externos e profissionais (convênio não pagou, convênio paga pouco, paciente não pagou, o SUS é complicado, problemas com a secretária do consultório e por aí vai).
- Se ele leva em conta, na hora do atendimento, fatores externos pessoais: se brigou com a esposa ou marido, se o filho teve febre, se está preocupado com algum familiar etc.
- As condições em que ele trabalha: se tem equipamentos, materiais de consumo e centro cirúrgico adequados.

- O quanto o paciente colabora com o médico: há os que omitem informações, mentem ou simplesmente não sabem se expressar; existem muitos pais que não dão a medicação a seus filhos conforme prescrito, por exemplo.
- O acompanhamento da evolução tecnológica por parte do médico: atualização, congressos, treinamentos, cursos e o próprio interesse em leitura científica sempre atualizada.

O médico trabalha com o corpo humano, cujo funcionamento é, na maioria das vezes, imprevisível. O médico analisa inúmeros fatores ao mesmo tempo e esses fatores também mudam constantemente. Cada caso é um caso. Cada cirurgia é uma cirurgia. O médico é um profissional de meios, e não de fins. Nunca há garantia prévia de sucesso em nada.

Geralmente, os erros médicos são decorrentes de falta de atenção ou dedicação do profissional de saúde em relação ao paciente, além de todos os esclarecimentos prévios de quaisquer atitudes médicas. Porém, uma distorção da realidade leva as pessoas a chamar de "erro médico" situações que são influenciadas por indivíduos não médicos. Além disso, é vital não confundir falha ou insucesso do tratamento com erro médico. São coisas muito diferentes. Independentemente disso, é de se compreender que vítimas de situações negativas fiquem fragilizadas e tendam a acreditar mais em opiniões externas leigas e comumente desinformadas.

Sem dúvida, a omissão do médico em quaisquer situações onde seja fundamentalmente necessária sua presença contribui para a quebra de confiança na relação médico-paciente, gerando alto grau de possibilidade de erro médico. A má prática médica se caracteriza quando há algum tipo de dano, resultante de ato doloso (intencional) ou culposo (sem intenção), com uma relação de nexo causal entre o dano e a ação do médico. Sua ocorrência pode gerar responsabilização nos âmbitos civil, criminal e ético.

O médico de verdade sofre intensamente quando detecta seu erro. Muitos chegam a deixar a profissão. Isso tira do mercado profissionais altamente capacitados e competentes, mas que não suportaram pessoalmente o erro. Ao mesmo tempo, mantêm-se na ativa péssimos profissionais que mal reconhecem seu erro, não se sentem culpados e continuam a agir de modo irresponsável.

No meio médico, diz-se que só não erra quem não faz. Quem não opera nunca vai errar uma cirurgia. Por outro lado, existem graduações nos erros. Isso é fundamental para uma análise mais aprofundada. Erros graves não podem ocorrer nem uma vez. Nenhum ser humano deve receber um ato irresponsável por parte de um médico. Erros leves infelizmente podem ocorrer, mas não afetam o desenvolvimento do paciente e de seu tratamento.

O médico também está sujeito a erros pelo meio que o cerca. Quantas vezes eu não ouvi colegas dizendo que tal hospital não tem condições de trabalho, tal centro cirúrgico está com equipamentos quebrados, tal chefe obriga a anestesiar duas ou três salas ao mesmo tempo, tal emprego obriga a atender 40 a 50 pacientes em uma manhã, tal ambulatório está com aparelhos de diagnóstico ruins e sem visualização adequada etc. Quantas e quantas vezes ouço isso até hoje.

Eis a questão: se o ambiente é inadequado e o médico erra, a responsabilidade é sim compartilhada, mas é fundamentalmente do médico cuidador. Nada nem ninguém vai retirar sua responsabilidade. Lembro-me da minha sequência linear descendente de prioridades: a primeira é segurança. Sem segurança, o médico não deve atuar. Nunca.

Entretanto, em caso de erro, o melhor é ser sincero com o paciente e resolver então a situação. O paciente não quer saber motivos, quer a solução. Então, o empenho do médico em resolver uma situação inesperada é fundamental. Lutar para a solução, com a menor chance de ficarem sequelas, é um empenho que faz a diferença. Nunca se omitir da responsabilidade do erro, e sim enfrentar a situação e não medir esforços para a solução.

Eu profissionalmente já errei. Mas nunca deixei de estar ao lado do meu paciente em corpo e alma para ajudá-lo. Pessoalmente, sempre sofri demasiadamente com erros. Demais. Mas minha força maior é para prosseguir, pois parando eu estaria tolhendo a diversos outros pacientes milhares de sucessos.

Segunda opinião

Você tem direito!

É incrível, mas o direito do paciente em buscar uma segunda opinião sobre seu quadro ainda é mal visto por muitos médicos. Eu, pessoalmente, aprovo, admiro e até recomendo, caso o paciente ou seus familiares fiquem inseguros com relação ao meu diagnóstico, apesar de todos os meus esforços. O objetivo, o desejo de quem está doente, é a melhora ou cura, e isso deve ser obtido, seja graças ao meu trabalho ou ao de outro profissional. Não pode haver, em hipótese alguma, "egoísmo" no trato do paciente. Não há ego, estratégia ou questão financeira que seja mais importante que a saúde do paciente.

Em países como os Estados Unidos, por exemplo, a busca de uma segunda opinião é comum e encarada com a naturalidade que merece. No Brasil ainda há um longo caminho a percorrer e obstáculos a superar, como a segunda opinião frequentemente distorcida devido ao comprometimento do profissional com determinado plano de saúde. Outra questão a ser levada em conta é que, se não for bem preparado para a função, o médico de segunda opinião critica o colega de forma desnecessária ou inadequada, gerando frustração, aumentando ainda mais a insegurança do paciente e resultando na insatisfação com os dois atendimentos.

Novas tecnologias

Evolução que não para

A velocidade dos avanços tecnológicos chega a assustar, não é mesmo? É assim com os meios de comunicação, com os eletrodomésticos e com tudo na vida. E com a Medicina também! Por isso não se deve comparar o que temos hoje com os procedimentos e equipamentos de tempos atrás. Da mesma forma, sabemos que em poucos anos teremos muitas novidades.

Um grande avanço tem sido visto na área de diagnóstico, o que é decisivo para qualquer tratamento. Em minha formação, no Hospital das Clínicas da Faculdade de Medicina da Universidade de São Paulo – e nem faz tanto tempo assim! –, não havia disponível a tomografia computadorizada ou ressonância magnética, exames relativamente comuns nos dias de hoje. Isso para não falar de outros mais específicos, como PET scan, por exemplo.

Os equipamentos cirúrgicos também evoluíram absurdamente, permitindo ao médico raciocinar melhor para o diagnóstico, visualizar melhor o campo cirúrgico e ter mais segurança para, em um procedimento, remover somente o que interessa, lesando menos estruturas sãs e evitando complicações e sequelas. Costumo dizer que a videoendoscopia revolucionou totalmente as cirurgias nasais.

O que falar, então, das anestesias? Hoje, há recursos para gerar uma segurança incrível, e as complicações, especialmente as graves, vão se tornando mais raras. Os equipamentos de monitorização intraoperatória deixam o paciente sob controle do anestesista e pequenas alterações são detectadas imediatamente, mesmo antes de o cirurgião ou de o próprio anestesista perceberem quaisquer alterações clínicas.

Os cuidados pós-operatórios, da forma como são conduzidos atualmente, trouxeram benefícios a médico e paciente no acompanhamento. As UTIs recebem cada vez mais pacientes em pós-operatório para prevenir complicações, muito mais do que para resolvê-las.

Apesar de todas essas mudanças, porém, ainda me deparo frequentemente com pacientes que entendem que as experiências difíceis ou negativas que eles, seus familiares ou amigos tiveram valem até hoje. Assim, acabam "fugindo" de cirurgias extremamente necessárias, baseando-se em um passado que não existe mais. É claro que o risco não é e nunca será zero. Mas é fato que os avanços tecnológicos da Medicina trouxeram consigo mais controle, segurança e conhecimento para todos os envolvidos. Estamos na era das cirurgias minimamente invasivas!

Segurança não tem preço

Segurança em primeiro lugar, sempre

Mais uma vez estamos falando de segurança. Nunca é demais lembrar que ela está, *sempre*, em primeiro lugar. Primeiro a segurança, depois o resultado. Está na Lei de Hipócrates, no juramento do médico ao obter o diploma: "*Primum non nocere* (Primeiro não lesar)". Afinal, a ação do médico não pode ser pior que a doença.

Reforço esse ponto porque vivemos uma cultura segundo a qual o resultado é prioridade, o que leva muitas pessoas a agendar procedimentos em locais que atendem a requisitos de localização, comodidade e preço, abrindo mão da segurança máxima. Acredito que isso acontece porque parte da população ainda enxerga os serviços de saúde como uma mercadoria, um produto. É o que fazem, também, muitas empresas de saúde. Um equívoco, afinal a Medicina é extremamente personalizada, humanizada e individualizada.

E... como agir com a secretária?

Eu até gosto do médico, mas a secretária...

Está aí um tema delicado. Todos os pacientes querem – e merecem – atenção. Muitos, no entanto, confundem a qualidade do atendimento da secretária com a qualidade do médico. Está aí o engano! A secretária deve ser vista como intermediadora do acesso ao médico. Então, se houver problemas nessa interação, deve-se relatar ao médico o que está acontecendo, pois, na maioria das vezes, podem acreditar, ele nem tem ideia do que se passa.

Infelizmente, perde-se frequentemente o médico devido a "diferenças" com a secretária, por opção exclusiva do paciente. Fatores como aparência, vocabulário, simpatia e até vestimenta pesam mais do que a relação com o médico. Um erro grave.

Reações adversas dos medicamentos = "efeito colaterais"?

Reação adversa ou efeito colateral?

O termo adequado é "efeito adverso", embora efeito colateral seja mais comum. Mais importante que a questão linguística, entretanto, é entender seu significado: qualquer ocorrência de saúde indesejável realizada ao uso de qualquer terapêutica ou produto farmacêutico e que não tenha relação com o objetivo final do tratamento.

Indo mais além, vale ressaltar que o efeito adverso, ou reação adversa, pode ou não se manifestar clinicamente. Exemplos: a alergia de pele é visível, a dor de estômago gera uma percepção sensitiva, a febre pós-vacina é mensurável, mas a alteração de exames de sangue não tem nenhum sintoma.

Um efeito adverso pode ser grave, chegando ao risco de morte. Pode ocorrer somente após a associação com outro medicamento. E pode ser causado também por quaisquer medicamentos, mesmo homeopáticos ou fitoterápicos. Outra possibilidade é o paciente começar subitamente a apresentar reações adversas a um medicamento que sempre tomou.

Se, ao iniciar o tratamento, você ou seu familiar sentir qualquer sinal ou sintoma suspeito, relate ao médico. Além disso, siga sempre as orientações de dose e horários, e tome cuidado especial com crianças pequenas e idosos, pois pequenas alterações na dose podem levar a alterações importantes, em especial nessas faixas etárias.

Como se preparar para ir a uma consulta?

Está com sua roupa de ir ao médico?

Já ouviu os colegas brincarem com aquele que aparece mais arrumadinho no escritório ou na festa? "Ah, está com a roupa de ir ao médico", é o que costumam dizer. É até bacana se arrumar para esse evento tão importante que é uma consulta médica. Mas se preparar para ir ao consultório requer muito mais que isso.

Uma dúvida comum é sobre os exames. Devo levar todos? De anos atrás? De outras especialidades? Levo as imagens também ou somente os laudos? Aí vai a minha recomendação: leve a maioria dos exames recentes, mesmo os que foram pedidos por outros especialistas. Se retornar depois de muito tempo, aí sim vale levar os exames antigos, e não deixe de levar as imagens de tomografias, ressonâncias e ultrassonografias, pois somente os laudos não são suficientes para análise. Não fique constrangido ao chegar cheio de papéis e envelopes, pois o médico saberá filtrar o que é importante no seu caso ou de seu filho. Da mesma forma, não tenha constrangimento em levar sua lista de dúvidas. Todas devem ser esclarecidas.

Leve também a lista de medicamentos que está tomando, preferencialmente, por escrito, especificando a dose e os horários de cada um. Se tiver feito alguma cirurgia, tenha com você também o laudo do exame anatomopatológico. E prepare-se para ser totalmente sincero: se não tomou o remédio, diga que não tomou. Mentir para o médico é o mesmo que mentir para si mesmo.

Aos pais, um aviso: sim, é necessário levar a criança em um retorno de exames, pois o médico pode precisar reavaliá-la para fechar o diagnóstico ou se decidir pela conduta a ser tomada. Antes de ir ao médico, explique a seu filho que o médico é seu amigo e não vai machucá-lo. Vale chamar o médico de "tio", muito mais simpático para os pequenos do que o formal "doutor". Por maior que seja a relação de amizade e confiança, não delegue a função de acompanhar a criança ao médico ao vizinho ou à amiga. Já os avós, as babás ou cuidadoras são sempre bem-vindos, especialmente se ficam bastante tempo cuidando de seu filho.

Para concluir esse assunto, uma dica óbvia, mas necessária em tempos cada vez mais conectados: desligue o celular antes de entrar na sala do médico. Um toque animado pode quebrar a linha de raciocínio do profissional e atrapalhar a consulta.

Vou mudar de médico

É errado mudar de médico?

Não é errado e é muito comum. Muitas vezes, o paciente é obrigado a mudar de médico, devido a alterações no plano de saúde ou porque mudou de bairro. Em outras, simplesmente porque não houve empatia. Não há mal nenhum nisso. Assim como não há inconveniente em pedir ao profissional anterior um relatório de acompanhamento para entregar ao médico que passará a consultar. Legalmente, pode-se inclusive pedir o prontuário, mas, na maioria das vezes, o relatório é suficiente para esclarecer o colega.

Faça você também, por escrito, um relato do que se passou, contendo informações como suas principais queixas, os tratamentos realizados, suas necessidades e as expectativas que tem em relação ao novo médico.

Criticar o médico anterior para o novo profissional não é legal. Lembre-se de que médicos são seres humanos. E falar mal do antigo profissional é sinal de que, se mudar de médico novamente, você falará mal do atual também. Comece com o pé direito a relação com o novo médico, para que ela seja construtiva.

Esqueci de tomar o antibiótico na hora certa. E agora? Meu filho vomitou o remédio. E agora?

Cuidados na administração de medicamentos

Quando você se esquecer de tomar o antibiótico no horário indicado por seu médico, há algumas opções de conduta: se for antes da metade do intervalo de tempo até a próxima dose, tome assim que se lembrar ou tiver o medicamento disponível; se passar da metade do intervalo, não tome e mantenha os horários previamente programados.

Se o seu filho vomitou o remédio logo após tomá-lo, espere de quinze a trinta minutos e repita a mesma dose. Se ele vomitar de novo, dê um remédio para vômito e, depois de trinta minutos, repita a dose novamente.

Importante: converse sempre com seu médico e esclareça todas as suas dúvidas.

Relação de ouvido, nariz e garganta com esportes: natação, lutas, mergulho, tiro

Atleta tem que se cuidar

Otorrinolaringologia tem muito a ver com esportes. Quem é atleta deve não somente cuidar da alimentação e do preparo físico mas também ficar atento a algumas dicas para evitar doenças do ouvido, nariz e garganta. Veja alguns exemplos:

- Natação: quedas com o ouvido na água podem causar otite externa ou até a perfuração da membrana do tímpano. Água contaminada às vezes leva a infecções por fungos, e friagem após sair da piscina aquecida pode levar a doenças de ouvido, nariz e garganta, como gripes, resfriados, rinites, sinusites, tosse, asma etc.

- Mergulho: por conta da profundidade e pressão, essa atividade pode gerar trauma da membrana do tímpano, sangramento nasal e sinusite.
- Lutas: quem pratica jiu-jitsu pode ficar com a orelha em couve-flor. Essa e outras modalidades de luta, como boxe, e até mesmo o contato corporal do basquete podem causar ferimentos nos ouvidos e no nariz. As fraturas nasais são comuns em decorrência de esportes.
- Tiro: a prática do tiro esportivo tem relação direta com o trauma acústico. Use sempre proteção!

Síndrome do prédio doente

Sobre o lugar onde você trabalha

Os riscos de acidente no local de trabalho não são os únicos que devemos considerar. Cada vez mais, os prédios comerciais não têm janelas para o ambiente externo, o que favorece a criação de um microecossistema de fungos e/ou bactérias causadores de doenças.

Os fungos mais comuns nos edifícios têm nome difícil: *Penicillium, Cladosporium* e *Aspergillus*. Não é diferente no caso das bactérias mais conhecidas nesse ambiente: *Bacillus, Staphylococus, Micrococus* e *Legionella pneumophila*. Esses microrganismos podem provocar tosse crônica, chiado no peito, rinite alérgica, sinusite e até pneumonia, que pode ser grave e levar a risco de morte.

O principal motivo da presença de fungos e bactérias é a manutenção precária do sistema de ar condicionado. Pode-se até limpar os filtros, mas, na prática, é quase impossível a limpeza total dos ductos. Os indivíduos que trabalham lá então ficam muito suscetíveis à síndrome do prédio doente.

Tabela de linguajares estranhos

O QUE EU NÃO GOSTO DE FALAR	O QUE SIGNIFICA
Unilateral	De um lado só
Obstrução nasal	Nariz entupido
Secreção nasal	Catarro no nariz
Sialorreia	Babar excessivamente
Cefaleia	Dor de cabeça
Intermitente	De tempos em tempos
Perene	O tempo todo
Sequela definitiva	Tal situação pode ficar para sempre
Crise esternutatória	Crise de espirros
Prurido nasal	Coceira no nariz
Prurido otológico	Coceira no ouvido
Não tem cura	Precisaremos acompanhar para sempre
Você vai ter que conviver com isso para sempre	Estarei sempre acompanhando e tratando para aliviar seu sintoma
Se não tomou o remédio, a culpa é sua	Se não tomou o remédio, talvez eu não tenha explicado exatamente a importância

CONCLUSÃO

QUERIDOS LEITORES,

Procurei transmitir a vocês, em uma linguagem bem simples, diversos aspectos da Otorrinolaringologia e da atuação de minha vida profissional.

Espero que aproveitem muito e lembrem-se sempre de que nada substitui uma consulta com seu médico. Todas as orientações neste livro são gerais e referem-se aos casos mais comuns. Em caso de quaisquer dúvidas, pergunte sempre a seu médico.

FONTE: Leitura
PAPEL: Lux Cream 60gm
IMPRESSÃO: Arvato

#Novo Século nas redes sociais

novo século®
www.novoseculo.com.br